検閲という空気

Visible and Invisible Censorship
Freedom for Banned Society

自由を奪うNG社会

アライ＝ヒロユキ
ARAI Hiroyuki

社 会 評 論 社

検閲という空気

自由を奪うＮＧ社会　目次

序章　あらゆる領域で自由を阻害するNG。その不明瞭なもの

ここ数年、人々の口にのぼるようになった幾つかの言葉がある。検閲、弾圧、規制、忖度、クレーム……。言葉と表現、行動の自由を狭める動きだ。

その事例を数え上げていくと、数の多さだけでなく、社会のさまざまな分野、問題、場所、行動形態に分布していることに気づかされる。

もっとも目につく現象は、マスコミに対する政府の容赦のない攻撃だ。二〇一六年、高市早苗総務相は政府が望む「政治的公平」に違反するテレビ局に対し、電波停止をほのめかした。それから日を置かず、政府に批判的な報道を行ってきた、テレビ朝日系『報道ステーション』の古舘伊知郎、TBS系『NEWS23』の岸井成格、さらにNHK『クローズアップ現代』の国谷裕子らが立て続けに降板した。二〇一四年にはジャーナリストの櫻井よしこは自民党議員連盟の会合で「(『朝日新聞』は)廃刊にすべき」と述べている。

二〇一七年六月に成立した共謀罪法は戦前の治安維持法の再来とも言われる。数々の不明瞭な点が

ありながらも、与党は強行して採決。膨大な取り締まり項目は市民の日々の生活を大きな網でからめ取る性質を持ち、曖昧な「犯罪関与」の定義から恣意的な濫用が危惧される。合法的に市民への監視体制ができあがりつつある。

公共施設や公共空間からも自由が閉め出されつつある。二〇一四年、さいたま市の公民館では月報に掲載予定だった市民の憲法九条の俳句を掲載不許可とした。大阪では戦争博物館と人権博物館の展示の「政治色」が問題視され、内容改善を強要された。複数の学校図書館で『はだしのゲン』が閲覧制限が行われた。

同じく二〇一四年、群馬県の県立公園では朝鮮人の「強制連行」追悼碑に対し県から撤去が市民団体に命じられた。各地の史跡の歴史表記からは国家の人権侵害関与の説明がなくなりつつある。教育では、学問の自由を金科玉条とする国立大学で国旗掲揚と国歌斉唱の圧力が厳しくなってきた。

表現物に対するさまざまな圧力も強くなりつつある。二〇一五年にはLGBT（性的少数者）を扱ったマンガ『境界のないセカイ』が連載中止。同年、MARUZEN＆ジュンク堂書店渋谷店のブックフェア「自由と民主主義のための必読書50」がネット上で批判され、見直しを余儀なくされた。二〇一一年の東日本大震災の直後では、『ウルトラセブン』『鉄腕アトム』『バトルスター・ギャラクティカ』といった作品の放映が取りやめとなった。

美術作品でも圧力の例に事欠かない。二〇一四年に女性器の3Dデータを作成したろくでなし子が逮捕。同年、東京都美術館で中垣克久の政府批判の作品が一部修正を強要された。二〇一七年には沖縄うるま市の店舗に描かれた岡本光博の作品がその政治的な主張から非公開となった。

こうした事例の数々は言論表現への弾圧と呼べるものだ。だが、自由を狭める動きはこうしたはっきりとした輪郭を持つものばかりではない。マスコミの出版物では、言葉のより微細な問題、形容や批判のニュアンスはさまざまな圧力や業界慣行で穏当なものに変形される。美術館や博物館においても、作品の説明キャプションはしばしば政治的に穏当なものに落とし込まれる。目の前に表現があってもそれは真実の姿とは限らない。ここには自由を狭め、真実を損なう動きが確かにある。

日々の生活と縁遠いと思われがちの言論表現だけでなく、より身近なところにも自由を狭める動きがある。お祭りは地域共同体が共有する伝統行事だが、しばしばその騒音や喧騒が同じ地域住民から厭われ、配慮に翻弄される。夏の浜辺でビールを飲むことも風紀を乱すことから禁じられる。これは夏の湘南界隈の現状だ。こうした事例の背後には、利害を異にする地域住民同士、あるいは観光客との摩擦がある。

一見まったく異なる背景を持つ出来事が同じ時期に起こり、いわば行動を制約する重しのように社会に積み重なってきている。多くの人は息苦しさを抱いている。これを目に見えるかたちにしようと人々は言葉を用いて説明する。検閲、弾圧、規制、忖度、クレーム。しかし、いずれの言葉をもってしても事態を十分に説明するには事足りない。

この自由の阻害は、数は多くないが、すでに幾つかの説明、著作が世にある。しかし、それは論者や執筆者が関心のある、関わりのある領域に絞ったものであり、社会全体を俯瞰するものではない。安倍政権の強圧的な政治と浜辺の飲酒禁止には遙かな開きがあり、そこに共通点を見出す必要はないという人も多いだろう。だが、問題のそれぞれを別個に検証していったとして、社会全体を覆う息苦しさは吹き払えるだろうか。自由の涼風を人々は感じ取れるだろうか。

本書は自由の阻害に関わる事例を総覧するかたちで集めて紹介し、俯瞰によって共通の原因とその背景を探ることを目的としている。領域によりさまざまにかたちを変えるこの現象は、検閲や忖度など限定的な言葉で表すことはできない。そこでＮＧという多義的な言葉で代用した。

各領域のＮＧにわずかに共通する問題点を拾い上げ、それを線でつなぎ、織り成すタペストリーを見つけたとき、そこにどのような図像が見出せるだろうか。これは現在の日本社会のサマリーとも言えるものだ。ここから、暗い時代の突破口を見出すことを試みたい。

第1章　日常生活のＮＧが示す地域社会の亀裂

●保育所はなぜ地域社会から否定されるのか

自由が社会からなくなろうとしている。ときおりメディアを賑わす、テレビ番組への政府の攻撃、マンガや美術作品の内部検閲による封印。そうした政治、社会問題は日々の生活から遠いことも否めない。しかしよく目をこらしてみれば、日々の生活からも自由が消え失せようとしていることに気づくだろう。

私たちの生活は、見知らぬ人との出会いも多い職場や集まりに身を置くことと、家族や隣人と触れあうことのふたつから成り立っている。前者が公的、社会的なものであり、後者が私的、地縁的なものと呼べる。この後者、私的、地縁的な場でも自由が失われつつある。子どもを育む、飲食をする、道路を歩く。そんなことでさえ、自由にできない、ふるまえないとしたら、日々の生活に重大な支障をきたすことになる。

こうした行動の妨げが、日常生活の中にいま起きているNGのかたちだ。これを「日常生活のNG」と呼ぼう。まず、この身近なNGから話を始めてみよう。

子どもを育むことがいま辛い時代だ。

「保育園落ちた日本死ね！！！」。

怨嗟に満ち満ちたこの言葉は国会でも取り上げられ、大きな話題となった。これは、二〇一六年二月に都内に住む三〇代の既婚女性がブログに書きこんだものだ。保育所に男児を入所できなかった怒りが動機という。

幼い子どもを持つ家庭にとって、子どもを保育所に預けられるかどうかは生活における死活問題だ。その保育所が充分に足りていない。まずこれには行政の不手際、不備が理由にあげられる。これとは別に保育所の存在を許容しない人々の意思もまたある。この市民による反対の声とはどのようなものだろうか。

「区報で計画を知った住民から、子どもの声による騒音や送迎の車による問題を心配する声が相次いだ。園を認可する都に複数の住民が不服の申入書を提出。反対署名が約220人分集まった」（ウェブ「朝日新聞」二〇一五年三月三〇日）。

こうした事例は各地にある。二〇一六年には千葉県市川市でも同種のケースがあり、世田谷区は二〇ヵ所の開設予定のうち六ヵ所の開園を延期した。

東京都は二〇一五年都内六二市区町村にアンケートを取り、住民から保育所や学校、公園の子どもの声に対する苦情有無を調査したところ、全体の七割の四二市町村が「ある」と答えたという（ウェ

ブ「産経新聞」二〇一五年一〇月一八日）。

保育所と住民の亀裂はより深刻なものをはらんでいる。二〇一四年一〇月、東京都国分寺市の認可保育園近くの路上で、保護者に手斧を見せて脅した男が逮捕されている。抗議文やＦＡＸが保育園に送りつけられ、いやがらせの看板などが立てられることもある。こうした事態は、保護者に子どもの身の安全の懸念による心理的な恐怖を与えている。

以上は保育所を取り巻く大まかな概略である。ここで理解のためにより詳しく事情を掘り下げてみたい。公益社団法人全国私立保育園連盟の調査部長の丸山純氏に話を聞いた。この現状を詳しく知る人物で、自らも園長として千葉市八千代市の第二勝田保育園を経営している。

「目黒区のような開園できなかった事例は実際はさほどないです。ただ、できてから苦情が来る例はけっこうありますね。同じ千葉県の保育園でもしばしばあると聞いています。二〇一五年にオープンした保育園はその三年前から周辺の方と協議を重ね、出されたリクエストもかなり応えていました。それでもいざ開園したら、連日のように苦情が来ているそうです。苦情を気にするあまり、保育園によっては絶対開けてはいけない開かずの窓もあるそうです」。

保育所には、児童や保育士それに親の声、食器を使うときや歩いたりドアの開け閉めなどの生活音、通園の車の音、電話などの事務機の音など、さまざまな音で満ちている。その中でも子どもの声が苦情の対象となるという。それは子どもの声の周波数が高く通りがよいこと、さらに子どもは興ずると声が大きくなることがあげられる。子どもの存在そのものに関わる音と言っていいだろう。

第二勝田保育園は大きな道路に面した立地で騒音も緩和され、人口密度もさほど高くない。しかし数は少ないものの、苦情を免れることはできないようだ。

「うちは駐車場が大きく、車で通園する方が多いので、朝夕に周辺が渋滞して匿名で半年に一回くらい苦情は来ますね。うちはしばらくの間、ガラス瓶や空き缶を投げ込まれたこともありました。たまに怒鳴り声も聞こえたんです。借り上げの社宅で近隣に住む方で、ふだん夜勤をしている。朝九時にようやく寝ようとすると子どもがうるさいとものを投げ込んできたんです。ただうちに関しては騒音の苦情は、ほかはほとんど来てはいません」。

保育所に関しては、海外では設置のさいの騒音基準があるが、日本にはない。この法的未整備が問題の根幹にある。現時点の対処療法で多く採用されているのが防音壁だ。二〇一六年は補正予算でアルミニウム製の高さ三メートルの壁、三〇〇ヵ所分が計上された。だが、丸山氏はこれに否定的だ。

「防音壁にあまり効果はありません。マンションのために防音壁を作るなら、同じ高さのものにしないと意味がありません。この音の性質を正しく理解していない人が多い。子どもたちにとって三メートルの壁はうっとうしく感じることでしょう」。

音は全方位に拡散するので、音源と人の間の直線上に障壁を置く必要がある。例えば三メートルの高さでは高層マンションに効力はない。そして根本的に抜けているのは、幼児に快適な生活空間を確保するという視点だ。問題は一筋縄では解決しない。ちなみに、第二勝田保育園は問題解決のため音を吸収する壁材を開発中だ。

◉──それは不寛容か、生活の権利か

保育所の建設を阻む地域住民の声は単なるエゴであり、否定すべきものだろうか。反対意見の背景を掘り下げてみよう。

ここで参考になるのが、『ＡＭＥＮＩＴＹ』という雑誌だ。これは静かな街を考える会というグループが発行している機関誌で、「音環境を享受する権利」についての意見が投稿されている。この31号の「座談会　ほんとに怖～い団地騒音」で子どもの騒音、近隣住民が立てる音にまつわるトラブルが報告されている。

夜の一〇時過ぎまで外で子どもが遊ぶ騒音にクレームを入れると、子どもの両親から共働きなので子どもを外で遊ばせるのは夜間しかないと反論された。ほかにも、自治会の夜回りのさいハンドマイクによる注意の呼びかけのうるささ、団地の自治会主催の夏祭りでのカラオケステージのすさまじい歌声の耐えきれなさ、などなど。

団地という集合住宅であっても、住んでいる人には一人ひとり違う生活がある。そんな当たり前のことが彼らにはわからないんでしょう。……その主張が大切かどうかは聞く側が決めることだという基本的な理屈がわかっていない。（香山弘行〔司会・構成〕『ＡＭＥＮＩＴＹ』第31号）

	該当数	全く同感できない	あまり同感できない	ある程度同感できる	とても同感できる
全　　体	3000 100.0	792 26.4	1155 38.5	891 29.7	162 5.4

「人口減少社会に関する意識調査」(2015年、厚生労働省)。住宅地の保育所における「子どもの声が騒音」とする意見への感想を求めたもの。「同感できる」が計35.1%にのぼる。

工場から出された未処理の廃水、建設現場の発する音は万人にとって不快なものであり、除去すべき「公害」である。だが、先にあげられた「騒音」のすべては必ずしも人によって不快なものではない。カラオケの歌声は少なくとも歌っている当人にとっては価値がある。つまり「騒音」は人によってその意味を変えるもので、絶対性はなく相対性のものだ。保育所の場合でも、子どもの声は少なくともその親にとっては騒音とは言い難いだろう。

サウンドスケープ（音風景）の概念の提唱者、R・マリー・シェーファーは騒音には量的規定と質的規定のふたつの側面があるという。量的規定は物理的な音の大きさで、質的規定はその社会にとって「望ましくない音」を指す。彼は世界各都市の騒音を調べ、文化圏によって苦情の対象が異なることを発見した。これは社会だけでなく個人の感性によっても変化する。騒音は文脈に依存する性質を持っていることがわかる。

ここに興味深い調査結果がある。厚生労働省が行ったネット調査「人口減少社会に関する意識調査」（二〇一五年一〇月）では「子どもの声が騒音」とするものは全体の三五・一％という。意識層別の有無も探っており、「地域活動に参加していない」ものの騒音意識率はやや高め、逆に地域活動への参加数が多いほどこれが低くなる結果がある。つまり、地域との距離の近さ、遠さが騒音と感じるか否かに大きく関わっていることがわかる。

相対的な性質を持つ問題は完全解決が原理的に難しい。人によって解決とみなす尺度もまた異なるからだ。ひとつの解決策は多数決、つまり多数派の意見に重きを置き、これを総意として少数派に納得してもらうことだ。


もう我々は、保育園はインフラだと考えるべきなのだ。……これからの日本を支えるためには、女性が働き続け経済力をつけること、また将来を担う子供たちの存在はどう考えても必要なのだ。……保育園が増えて、働く女性が子供を安心して預けられる場所ができることは、圧倒的な公共の利益なのだ。（境治「保育園は、町のインフラのひとつなのだと思う」『PRESIDENT WOMAN Online』二〇一五年八月一四日）

これは経済上のニーズから主張される意見だが、社会の意思という意味では多数決に準じる考えだろう。ここでは当然少数派の権利はないがしろにされる結果が待っている。

アジアは喧騒の文化としばしば言われる。日本もこれにもれず、都市の音風景は賑やかなものが好まれる。魚市場や下町の路地の騒がしさは文化の華と理解されている。これと対称的なのが静寂を好むヨーロッパの都市文化だ。これを文化的な感性の差異とする見方がある一方で、アジアでは音環境への配慮が未成熟とする見方もできる。伝統的なアジア型の社会なら、『ＡＭＥＮＩＴＹ』の座談会にあげられたような苦情は取るに足らないものとみなされがちだ。だが、個人の権利により重きを置く社会なら、少数派であろうが無視すべきではない。

ここで鍵となるのは、相対性は変わりやすいニュアンスを含むことだ。先の第二勝田保育園では打開策として地域への開放に取り組んでいる。週に一回、利用しない人でも親子連れなどで所を訪問してもらい、対話の場をつくろうと試みている。地域のファンづくりである。こうした試みはほかの保育所でも行われているという。「騒音」と感じる感性が相対的なものなら、交流によって自ずと変わってもらうこともまた可能となる。開かれた民主的な手法だ。

ここには確かに和解と調和の手立てがある。だが、この保育所に対する妨げというNGが人々にとって必然的なものであり、生み出す社会構造が頑強であるなら、そこに至る道は極めて困難となる。そもそもこれはどのような背景を持つものだろうか。


ベテランの保育園関係者に聞くと、近隣関係との騒音問題は昔からあったといいます。この問題が顕在化してきたのは「待機児童解消」に向けて、保育園新設が急ピッチで行なわれていることも背景にあるのだろうと思います。(保坂展人「太陽のまちから」『朝日新聞 DIGITAL & w』二〇一四年九月二二日)

保育所の問題は、急速な都市化とそれによる人口分布の偏りから生じる。保育所の建設費は国や自治体の補助があり、運営費は国や自治体と利用者(事業者)との折半となる。運営費は地域で比率が異なり、自治体によっては大きな負担としてのしかかり、対応が後手に回る場合も多々ある。待機児童は都市部に多く、そのなかでも地域的な偏りがある。東京都で待機児童数の数が多いのは世田谷区と目黒区だ。保坂・世田谷区長の談はもっともこの問題に悩む当事者による分析なのだ。丸山氏は語る。

「最近、騒音問題が出てきているのは新しい保育園です。昔からある保育園は親しまれているので、そもそもうるさいという認識は出てこないのだと思います。田舎では、おじいちゃん、おばあちゃんが保育園の音が聞こえないので寂しいと言うそうです。つまり、騒音は保育園の地域のなかでのポジショニングに大きく関わっているんです」。

新聞各紙の報道を整理すると、識者はおおむね苦情は老人に多いと述べている。その理由は子どもと老人の心理的距離の遠さ、つまり共同体の中での孤立が背景にあるのではないだろうか。本来なら子どもの声を歓迎する要素の高い人たちが、裏返しで憎悪をぶつけるようになっている面がある。その意味でも、第二勝田保育園の地域の住民との絆づくりは大きな意味があるだろう。

だがその根本には都市環境の変化に共同体がきしんでいることがある。そのゆがみが保育環境の充実を妨げてしまっている。子育てのために作られ、手に入れた住環境がその地域に負担を生み出し、対立を生む。育むことへの不寛容はそこから来ているようだ。

◉――浜辺の自由をめぐるそれぞれの主張

遊び、飲食もまた以前のような自由を楽しむことができなくなっている。具体的には、夏の浜辺でビールを飲む、音楽をかけて楽しむといったことだ。この妨げのNGとはどのような事情から生まれたものだろうか。

湘南と呼ばれる鎌倉市と逗子市、藤沢市は、夏のあいだの海水浴場でさまざまな規制を設けている。海の家以外での飲酒、音響機器から音楽を流すことがその主な対象だ。入れ墨（タトゥー）の露出は原則禁止。これは風紀の悪化が原因だ。

片瀬西浜海水浴場は、8月のトップシーズンに入ると、昼すぎには、数店の海の家から地響きがするほどの重低音が鳴り始める。店内や周囲では水着姿の男女が身をよじるように踊る。日没にかけてボルテージは高まり、午後8時の閉店まで若者たちがはしゃぎ続ける。（『神奈川新聞』二〇一三年四月七日）

新聞や雑誌を賑わせた夏の湘南の情景で、いわば湘南の渋谷、六本木化だ。事態を憂慮した市や警察は海水浴場組合に自粛を要請。県でも「自主規制」を促した。

海水浴場の運営は地域により異なり、その所管は市町と海水浴場組合、観光協会など違いがある。

先の新聞記事以降、二〇一三年にそれぞれの海浜がどう対応したか。おおざっぱに見てみよう。

まず最初に片瀬海岸西浜（藤沢市）では海の家の音楽放送が禁止。効果は上がり、苦情の電話は二七％減ったが売上も二〜三割減った。不満を持った利用客は由比ガ浜（鎌倉市）に流れた。ここの風紀も一挙に乱れ、七月二二日にクラブイベントが中止となった。

この動きは周囲にも波及した。翌二〇一四年に森戸海岸と一色海岸（葉山町）はクラブイベントの中止、営業時間を二一時までの方針を打ち出した。逗子海岸（逗子市）も「日本一厳しい条例」を打ち出した。海の家での音楽放送は中止（クラブイベント禁止）、営業時間は一八時三〇分まで、砂浜での飲酒禁止。逗子の集客は六分の一に激減したという。逗子の厳格化については、二〇一二年に江の島、二〇一三年に逗子海岸で殺人事件があり、これが風紀の厳格化につながっているとの指摘もある（ウェブ「日刊ＳＰＡ！」二〇一四年八月七日）。

逗子の厳格化は由比ガ浜と一色海岸（鎌倉市）に売上増をもたらしたが、風紀は乱れた。二〇一五年、鎌倉市は営業時間を二〇時半までとする方針を打ち出したが、鎌倉市海浜組合連合会（由比ガ浜を含めた上位団体的存在）は猛反発。折衝の末、連合会は二〇時半を自主ルールとして徹底することで決着。この間、逗子市は規制軟化に方向転換した。

一方が硬化すれば一方が軟化する。客は軟化の方に流れると経済は潤うが風紀は乱れ、風紀粛正を図らざるを得なくなり、それは収益減をもたらす。このシーソーゲームが湘南の浜辺では繰り広げられている。そもそもなぜこのような事態に陥ってしまったのか。

そのあたりの事情を渦中の当事者である神奈川県海水浴場組合連合会の副会長、由比ガ浜茶亭組合組合長でもある増田元秀氏に詳しく取材した。発端は六〜七年前、湘南の海の家を見舞った売上不振にまで遡る。

「各店舗のオーナーが打開策として、クラブのオーガナイザーにまとまった期間、店を貸し始めたんです」。

このクラブ化は成功し、集客を取り戻した。しかしその代償で、暴走族の乱闘事件などが起こり、風紀も乱れるようになったという。

行政の風紀取り締まりはこのクラブ化に対する歯止めだ。営業時間の短縮、イベントの中止にはそうした意味がある。ただ注意しなければいけないのは、クラブ化した海の家が災厄を直接もたらしていないことだ。周辺環境の風紀の悪化はあくまで二次的な影響でしかない。

「そもそもうちは早くから防音はやっているんです。しかしそれでも苦情は来る。酔っぱらっての悪さ、人の家への無断侵入やシャワーの使用、立ちションなどです。後でわかったんですが、ビーチで酒盛りをする若者が出て来たことが理由だったんです」。

ここにかつての牧歌的なものとはかけ離れた、現代的な海水浴場の姿がある。大人数が集まり、大型のテントのなか、DJ用機材で大音量で音楽をかける。テキーラなどアルコール度数の高い酒を回し飲みし、騒ぎまくる情景だ。

「我々の海の家を使わない人たちがこんなにいるのかとびっくりした。かれらは都内のクラブに行くお金もないいんじゃないか。禁酒の条例が出たら、ぱったりといなくなりました」。

二次的影響を理由にみすみす経済的収益を諦めろというのは、この時節なかなか酷にも思える。いま浜辺で何が起こっているのだろうか。

「マナーやモラルが低下しているのをすごく感じますね。来店するのはお金を払える人です。ステッ

昔の簡素な露店から、大手資本が入り、だいぶ進化した湘南の海の家（2013年９月）（撮影／筆者）。

プが上がるわけですから問題は感じません。やはりビーチに出ると感じますね。僕が一番嫌なのは海の家のせいだと言われること。本当にそうだったらもちろん考えますが、線を引いて問題を論じてほしいですね」。

騒音や風紀の悪化への苦情は地元の生活者から寄せられる。だが、海の家は嫌われてはいないのだ。ここに報道されていない海の家のもうひとつの顔がある。

「二〇一五年に実施したアンケートでは、もっと遅くまで営業してくれという地元の方の回答が八〇数%でした」。

六本木化はクラブだけではない。高感度の食文化ももたらす。古都鎌倉には珍しいエスニック料理も浜辺では味わえる。さらに近年は都内の化粧品やボディケア会社のフラッグショップなども出店している。ここ一〇年ほど増田氏がめざしてきたのは、マナー遵守の「大人のビーチリゾート」だ。鎌倉は観光都市だけでなく高級住宅地でもあり、こうした需要が成り立つ。整理すれば、海の家は高感度文化を発信し、内外のそれなりの所得の客を求めている。しかし招かれざる客も来てしまい、その対処に苦慮している構図になる。

クラブ化抑制の動きは、浜辺の環境をめぐる地域住民の意識の違いからも生じている。

「親の代から祖父の代から、ここに住んでいる人は実はあまり苦情を言ってこない。長い歴史を通じてこの町を見てきているし、観光産業を理解していますから。むしろ問題は、居住年の浅い人たち、鎌倉の文化と歴史をお金で買ったと思って住んでいる人たちです。以前は海の家によって眺望が邪魔されたと行政に文句を言う人たちがいました。ずっと地元にいる私たちはいわばネイティブアメリカンのようなものですよ」。

海の家の営業権を主張／擁護する旧住民と快適な環境という生活権を主張する新住民との確執だ。店舗などの自営業を主体とした旧住民からすれば、鎌倉をいわばベッドタウンとする新住民の苦情はエゴ以外の何者でもない。しかし新住民からすれば不動産購入でかなりの投資をした以上、それなりのリターンを受け取る権利があると主張するのももっともだ。

●——利害のせめぎ合いがもたらす不自由

この湘南の変容は地域社会に何をもたらしたのだろうか。また今後どのように変わっていくのだろうか。裏面の事情を解説してくれたのは、市在住で海の家への出店経験もあるX氏だ。浜辺の風紀の乱れについて、「海の家のせいでもないのに一緒にくくられて非難されている」と前置きしながらも、問題の根幹は東京資本が入ったことによるクラブ化が原因だと語る。

「そもそも音楽のあるところにああいう行動はつきものじゃないか」。

海水浴場が六本木のような場所になれば、風紀が乱れるのも自然の流れというのも納得できる理屈だ。たとえば夏の二ヵ月のあいだ毎日ライブを行い、若者からの強い人気を集めているライブハウス「音魂」のような存在もある（逗子海岸、由比ガ浜と所在地を移転したが、二〇一八年から規制のゆるい三浦海岸のみで営業）。もともと経済的な苦境の打開から始まったものだが、東京資本の存在が地元業者を押しのける勢いに見える。

「由比ガ浜のブランドがあるから、集まってくるんです。しかし収益が増えると賃料も高くなっていきます。すると大企業、大手しか借りることができなくなってくる」。

クラブ化による収益増は、湘南の海の家の経営構造を確実に変えつつある。経済上のニーズが六本木化を引き寄せ、それが東京資本の独壇場となり、地元に十分な潤いをもたらさない帰結を招くとしたら皮肉な結果だ。さらに風紀の悪化も招いている。もっともひどい時期にはお酒だけでなくドラッグも横行。トイレで覚醒剤をやっている姿も目に付いたとX氏は語る。当然検挙もされ、地元で大きな問題となった。

高感度の営業展開は、高級住宅地である浜辺の地元民を引きつけている。だが、鎌倉の経済は構造上観光都市であることに依拠している。行楽客と海の家、地元民のウイン&ウインの高付加価値サービスの実現には障壁がある。

「鎌倉らしさ、鎌倉の良さである感度の高い人たちの文化を活かせていないことに大きな原因があります。行政の力量が不十分で統一感のあるまちづくりができていないせいもあります」。

これまで見てきたように、行政と海の家の組合側の攻防は一進一退かつ逐次的な対応で、数年越しの俯瞰的なビジョンに欠ける。それは市民の間に断層があり、ビジョンが共有できていない、協調関係ができていないせいでもあるだろう。

厳しさを増す経済状況が強いた営業戦略の転換が共同体の土台を揺さぶる。輝かしくも新しいビジネス構造のブランド力に惹かれながらも、その影に甘んじるしかいない（所得を）持たない若者がいる。かれらが乱す風紀とはある種のゆがみの実体化にも思える。ここには格差拡大の現代の姿が確かに刻印されている。お金を持たない若者を排除したところに繁栄があるとしたら、それはどのような意味を持つのか。首をかしげざるを得ない点もある。

「すべてはお金で人が集まってくる。でも問題が積み重なっていけば、それに対する規制が強くなっていけば、大資本が撤退するかもしれない。そんな日も来るかもしれません」。

X氏の予言である。

ここで湘南の事例を整理してみよう。自由に対する圧力が生む典型的な弊害がある。行政の処置は「病根」の除去に止まらず延焼を招くものだからだ。直接関係のない海の家への営業圧力であり、一般客に対する過度の束縛は周辺地域の活力そのものを低下させる。延焼を招くのは、処置が粗雑で正確ではないことも意味する。

次に、圧力の行使は禍根を残すことにつながる。地域社会の中に利益を享受するもの、不利益を享受するものとのあいだに分断を生むのだ。風紀の悪化の当事者が共同体の外から来るものであり、対立する両者がともにかれらを歓迎していないだけに皮肉でもある。

ここでより広い視点から湘南の海浜を考えてみよう。海浜は地域住民と事業者の双方に開かれた場所だが、住宅地域でない広場のような性格を持つだけに外に対してもなるべく開かれたものでもあるべきだ。ある特定の社会集団の排除は本来一方的に決めて良いものではない。商業的理由、あるいは周辺地域の思惑でそれがなされるとき、海浜は開かれた場でなくなり、人々が集まる魅力も失われる。

この問題は店舗利用者と非利用者とのあいだに線引きが生まれていることから起きる。この店舗利用者は、従来のあるいは他地域で見られるような海の家の利用者とはその性格が異なる。そこには湘南のかつての夏の風物詩、かき氷に焼きそば、缶ビールの海の家でなく、都内から持ち込んだおいしいグルメとカクテルを堪能できる高価格帯の飲食店がある。つまり線引きは所得の高低によるものだ。ただし収入に関係なく、屋外の浜辺を楽しみたい人々の存在も多少は考慮に入れる必要はある。

この排除は現代社会に暗い影を落とす格差拡大のあらわれでもある。懐の寂しい若者が高級店を横目に持ち込んだ安い食べ物と酒で騒ぐ。それが一定のルールを守るか否かに関わらず規制の対象となる。結果的に持たざるものは一方的に排除される構図が生まれている。

夏の浜辺でビールを飲む、音楽をかけて楽しむ。かつては当たり前だったことがいまはできない。幾つかの利害のせめぎ合いから、日常の行動じたいが確実に狭められている。

◉──生活保護をめぐって注がれる監視の目

保育所建設に対する反対と海浜の歌舞音曲の規制。このふたつに共通するものがある。それは「騒音」だ。両者に突きつけられるNGの理由のすべてではないが、主な理由は「音」の問題が根幹にある。この「音」はある特殊な性格を持っている。

土地の所有者が庭や寝室など私的な場所への他人の侵入を禁止することは、法律上許されている。だが、音の侵入者を禁ずるのにどのような権利があるだろうか。たとえば飛行場では、用地の物理的な拡大なしに騒音が年々劇的に増大し、共同体の音響空間をますます占拠するに至っている。現在の法律は、こうした問題を解決する手立てを何も持っていない。現時点では、所有が許されているのは土地そのものだけなのだ。（R・マリー・シェーファー『世界の調律』平凡社）

私たちが他者に苦情を向けるとき、それは自分の権利を侵害されたときだ。権利とは他者が冒すこともできなければ共有することもできない排他的な性格を持っている。しかし、音はものとものの間を伝わる。それぞれの排他的な権利にまたがって生じるものであり、いわば公共的な存在だ。

この音は人々をつなぐことで公共的な振る舞いを強いる。そこでは共存のための議論が求められるが、現状はそうではない。他者をいかに否定するかという権利のつばぜり合いが行われている。その議論をさらに成り立たせにくくしているのが、格差の拡大という経済環境であり、独居という現代の生活スタイルである。

私たちの（労働を除く）普段の生活は家族や友人たちとの間で完結しているわけではない。音が代表例だが、生活の私的な領域から漏れ出る、あふれ出る部分が少なからずある。そこでは、私たちは社会の中で生きるものとして他者から見られる（聞かれる）ことになる。ここで議論なり対話が成り立たないのなら、うっすらと浮かびあがる人々同士は冷たい視線を交わし合うしかない。そして、それは憎しみや妬みといった私的な感情から湧き起こる否定をぶつけられることにもなる。この公の不在が「日常生活のＮＧ」につながっている。

ここでいま生活の場を支配しつつある猜疑心について紹介していこう。具体的には、他者を生活保護の不正受給者ではないかと疑って監視し、密告が広まっている風潮である。そして、それは行政、自治体が音頭を取っているケースがしばしばある。これは人の心理だけでなく行動そのものを束縛する強い重しとなる。この縛りというNGがもたらすものにも注意を払う必要がある。

兵庫県小野市は小野市福祉給付制度適正化条例を二〇一三年に設けた。生活保護受給者がパチンコという「不当」な遊興にふけることを防止するため、市民の通報を奨励する条例である。新聞メディアは生活保護パチンコ禁止条例と名付けた。

これは多くの批判を受けたが、蓬莱務市長はこう反論した。「『監視社会や偏見を助長する懸念がある』という声もありますが、小野市のような規模の町では当てはまらない議論です。市内各地に昔からの小さなコミュニティが残っており、『監視』ではなく、地域の絆を深める『見守り』社会を目指しているのです」(市報「こんにちは市長です」二〇一三年三月二七日)。

興味深いのは通報の実態である。二〇一四年四月から施行されたが、一〇ヵ月間に一〇件の通報が寄せられた。そのうち四件は生活保護の非利用者についてのものだった。結果的に濡れ衣の通報が四割を占めた。

小野市はマスコミにもっとも報道されたケースだが、その裾野は広い。パチンコに限らず受給者の逸脱の通報を奨励するもっとも早い例は二〇一一年の大阪府寝屋川市だ。市はこの件で専任職員二名を配置し、市民からの告発を歓迎した。三年ほどで計五四三件の情報が寄せられ、四九件の需給を停止したという。ほか、東大阪市、守口市、枚方市、京都市、函館市、福岡市、さいたま市など、全国にこの動きは広がっている。

　函館市では通報の詳細を市のウェブサイトにアップしている。二〇一三年四月から翌年三月まで三五六件の通報があったという。不正受給発覚後の処置は、「文書指示」が四三・二一%、「停止」が三四・五七%。思いのほか厳罰処置が取られている。市が「車の使用」を理由に刑事告訴し、有罪差判決を受けた例もある。

　さいたま市の例を見てみよう。市では二〇一四年にリーフレット「生活保護ホットライン」を作成した。上段には「生活保護行政の適正化を進めていくため、不正受給や生活に困窮している方に関する」情報を求める旨が書かれている。

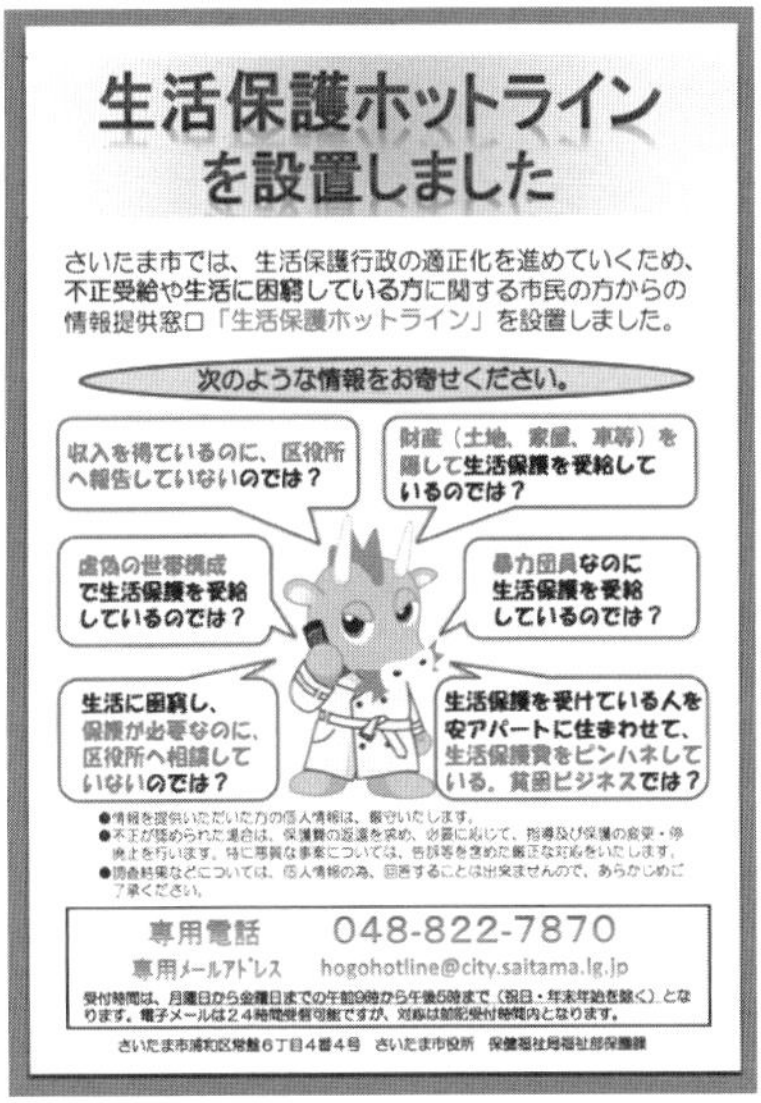

さいたま市が設置した電話窓口「生活保護ホットライン」のリーフレット。市民のクレームを受け、修正を余儀なくされた。

不適正な状況とは、未支給ではなく不正受給だと見るものを印象づける強調だ。中央にはトレンチコートを着た龍が市民からの情報提供を受けている図が配置されている。さしずめ、犯罪のたれ込みを受ける刑事の姿である。

　「収入を得ているのに、区役所へ申告していないのでは？」「財産（土地、家屋、車等）を隠して生活保護を受給しているのでは」。上段には不止者＝

犯罪者のイメージを強調させる言葉が並ぶ。「困窮者」の情報通報も同時に書かれているが、下段で目立たない。

これに市民と地元政治家からの批判が寄せられた。メディアにも取り上げられたこともあり、生活困窮者、不正受給者の優先順に訂正され、配布された。この一連の経緯について、抗議活動も行ったさいたま市議会議員で日本共産党所属の神田義行氏に聞いた。さいたま市で貧困者が餓死した事件があり、問題となったパンフレットはその対応策から生まれたものだという。

「元々はリーマンショック以後、失業者が増え、生活保護の必要性が高まり、積極的に活用してもらうためのものでした」。

しかし制作の過程で大きく変化し、不正受給が前面に出されてしまった。それは日本社会の大きな流れと関わっているというのだ。

日本の生活保護をめぐる状況はどのようなものだろうか。ここで背景の理解のため簡単に整理してみよう。全世帯のうち生活保護の利用率は一・七％（厚生労働省の最新値）。生活保護が適用される年収世帯の利用割合である捕捉率は一五・三〜一八％、これに要する社会扶助費の対ＧＤＰ割合は〇・五％だ。次に先進国の事情を見てみよう。ドイツが利用率九・七％、捕捉率六四・六％、ＧＤＰ比率三・四％。フランスが五・七％、九一・六％、三・九％。イギリスが九・二七％、四七〜九〇％、二・八％。

いずれの数値も、日本はかなり低いことがわかる。特に捕捉率の低さは、本来受給すべきものに申請をためらわせるなにかがあるとわかる。それは国庫への負担が低い結果にもつながっている。

ただ不正受給者は、景気不振を反映して増大している。たとえば統計資料では、二〇一一年には

不正受給件数、金額等の推移

年度	不正受給件数	金額（千円）	1件あたりの金額	告発等
2008	18,623	10,617,982	570	26
2009	19,726	10,214,704	518	23
2010	25,355	12,874,256	508	52
2011	35,568	17,312,999	487	57
2012	41,909	19,053,722	455	109
2113	43,230	18,690,333	432	106
2014	43,021	17,479,030	406	112
2015	43,938	16,994,082	387	159

厚生労働省の各種資料をもとに作成。

三万五五六八人、二〇一二年には四万一九〇九人。しかし「告発等」は五七人から一〇九人と二倍近く拡大している。二〇一五年は不正受給件数が四万三九三八件に対し「告発等」は一五九まで増えている。この厳罰化の一連の流れが、二〇一四年の改正生活保護法施行、さらに各自治体での告発制度の導入に影響を与えている。二〇一〇年の民主党政権時にも「告発等」の増加率は目立つが、実数で言えば、二〇一二年、二〇一五年のほうが遥かに高い。

全国各地に広まりつつある不正受給の告発は、安倍政権下の国の方針による。二〇一四年に施行された改正生活保護法がその最大の現われだろう。主な改正点は、不正受給への罰則の厳格化（罰金額を三〇万円から一〇〇万円へ）、福祉事務所の受給者への調査権限拡大、家族の扶養義務の強化がある。

各国の例にならうなら、取り組むべきは生活保護をより受給しやすい環境づくりであり、特に景気悪化のなかその充実に努力を払うべきだろう。しかし、政府と自治体の対応は真逆で、規制強化と摘発徹底に執心している。不正受給はあってはならないが、本来の優先順位が転倒しているのである。

「お笑いタレントの親が生活保護の受給者だとわかり、子どもとしての扶養義務が世間で大きく取り沙汰されましたね。不正受給に関わる問題は国会でも取り上げられ批判されました。安倍政権の年金受給者に対する圧力は特にひどいですね。その流れとさいたま市のパンフレットの件は関わっている部分もあり、ただしていく必要があると感じています」。

たとえば日本維新の会は二〇一六年一二月に生活保護受給者のギャンブル禁止関連法案を七つ提出した。その適用はパチンコ屋の利用、競輪の車券、競艇の舟券、サッカーくじ（スポーツ振興投票権）などの購入だ。これに現実性があるかどうかはともかく、政治のひとつの趨勢を物語る。

神田氏が先に例にあげたお笑いタレントとは次長課長の河本準一のことで、二〇一二年に彼の母親が生活保護不正受給で市民からの激しい攻撃を受けた。幾つか見てきた行政の姿勢に対し、市民のほうもまた歩を同じくするかのように見える。

たとえば主にネットのスラングで受給者を侮蔑的に指す「ナマポ」がある。グーグルで検索すると「キーワードノート」というサイトにヒットするが、そこには以前こう書かれていた。

> 働きたくないからという理由でナマポを申請したり、日本人よりも特定の国の外国人の申請が優遇されたり、最低時給で働くよりもナマポの方が受給額が多いなど、ネットの普及によりこういった実態であったり不正受給が蔓延する状況が明らかになった。

つまり受給そのものを罪悪と見なす傾向が社会の底流にある。生活保護は憲法が保障する「健康で文化的な最低限度の生活を営む」権利であり、なんら恥じることのないものだ。民族差別を含んだ偏見が見られることも見逃せない。受給者をよこしまな存在と見る差別ありきで叩く風潮が増大している。

二〇一七年一月には、神奈川県小田原市の生活保護担当職員が公務中に着用していたジャンパー(私費で購入)が受給者への差別と問題視された。左胸に「悪」に×印、背中には「SHAT」(クソという英語の侮蔑語)などがプリントされていたのだ。受給者から暴行を受けたことがあって、団結と士気を高める目的からだ。事件は大きな反響を呼んだが、市に寄せられた電話は担当職員への批判が多かったのに対し、ネットではこれが逆転し賛同のほうが多かったという。

いま自治体が推奨し、あるいは市民が率先して、生活保護の問題に猜疑心と憎しみを持ち込もうとしている。これが広まったとき、どのようなことになるだろうか。告発は日々隣人の行動を注視することが必要だ。市民同士の猜疑心による監視が地域社会を覆うことになるだろう。小野市の蓬莱市長は自らの通報奨励を「地域の絆を深める」ためという。いまさまざまな場で語られる「絆」という言葉は、ここでは人々を管理し、束縛する目的で用いられている。これは果たしてごく少数の例だろうか。

●——監視/防犯システムがもたらす、安全と管理

猜疑心は安心を求める強い欲求に支えられているものだ。いま私たちの生活の安心を支えるものに

監視／防犯カメラがある。しかし、これは人から見られない自由と引き替えに得られる性質を持っている。この監視／防犯カメラがどのような意味を地域社会に対して持っているか探ってみよう。

監視／防犯カメラは全国に普及しつつある。兵庫県加古川市は二〇一六年に一四〇〇台の購入を決定したが、これは児童犯罪をきっかけとした防犯意識の高まりからである。兵庫県伊丹市では二〇一五年に市内全域に一〇〇〇台を、東京都では児童の通学路に一校あたり五台計六五〇〇台を二〇一八年までに導入を発表など、各自治体で導入が進んでいる。

監視／防犯カメラの国内設置台数は推計値で約三五〇万台。地域の安心・安全が導入理由だが、ここには落とし穴もある。設置効果が曖昧なことだ。

イギリスは監視／防犯カメラのいわば発祥地だ。急速に普及が進んだのは一九九〇年代で、テロや都市型犯罪の増加がきっかけだ。いまでは約四二〇万台の設置数で、ひとりあたり換算は世界一。しかし犯罪抑止効果については限定的で、計画犯罪には一定の効果があるが、衝動的な犯罪には効果はないとされている。街路照明などほかの手段のほうが四倍も抑止効果があるという研究もある。日本では歌舞伎町で犯罪件数が微減（マイナス〇・〇二％）という報告もあるが、おおむね「目立った効果は見られない」とする見解が支配的だ。

「防犯カメラの設置によって犯罪が減ったというデータはないんです。こういっているのは、都青少年治安対策本部安全・安心街づくりの課長です。きのう（二〇一四年四月二一日）に取材したら、『データははっきり言ってないんです』、抑止力があるという根拠はないんですというんです」（岩上安身の談話、モンブラン「実際は犯罪抑止効果ない防犯カメラ！東京都は公立小学校の通学路に6500台設置」「J-CASTテレビウォッチ」二〇一四年四月二一日）

監視／防犯カメラの普及の問題は、統計データによる明確な社会事実の根拠がないまま事態が進行している点だ。そもそも日本国内での犯罪は多少の変動はあるが、減少傾向にある。認知件数（警察が公式認定した犯罪数で実態とは差もある）は二〇〇三年から減少、検挙数はここ一〇年一貫して減少、被害額もまた減少にある（『警察白書』平成二九年）。では、なにが監視／防犯カメラを促しているのだろうか。

犯罪被害に「不安感がある」とする人は二〇〇四年の五三・三％をピークに減少傾向にあり、二〇一四年には三七・八％まで下がっている（第五回「犯罪に対する不安感等に関する調査研究」日工組社会安全財団、二〇一五年五月）。近年の犯罪の減少に比例する現象で、治安への不安が導入を後押ししているとは考えにくい。

むしろ治安意識の変化が原因ではないだろうか。不安じたいは減りつつあるが、より完全な治安保全を欲するいわば過剰な社会心理。この「完璧潔癖主義」が監視システムを求めているように思える。

自治体の地域行政、警察による保安体制の変化もこの監視／防犯カメラ導入を推し進めている。生活安全条例というものがある。自治体と住民、事業者、そして警察が一体となって犯罪予防に取り組むことをうたっている。一九七九年に長岡市で制定され、一九九〇年代に警察や防犯協会が率先して制定を促し、二〇〇〇年以降本格的に広まった。こうした流れを受け、警察のほうも組織変革が行

刑法犯の認知件数の推移（昭和 21 ～平成 28 年）

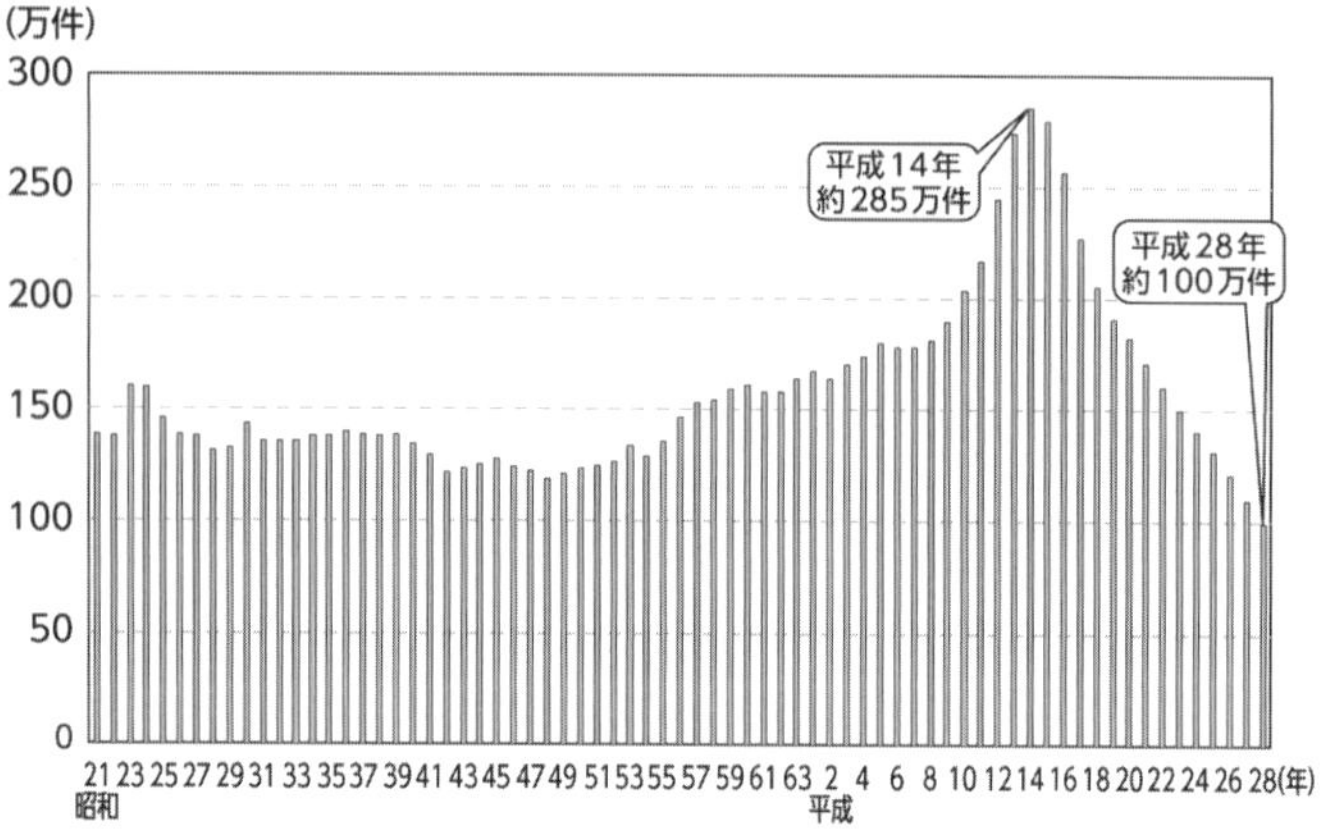

財産犯の被害額の推移（平成 19 ～ 28 年）

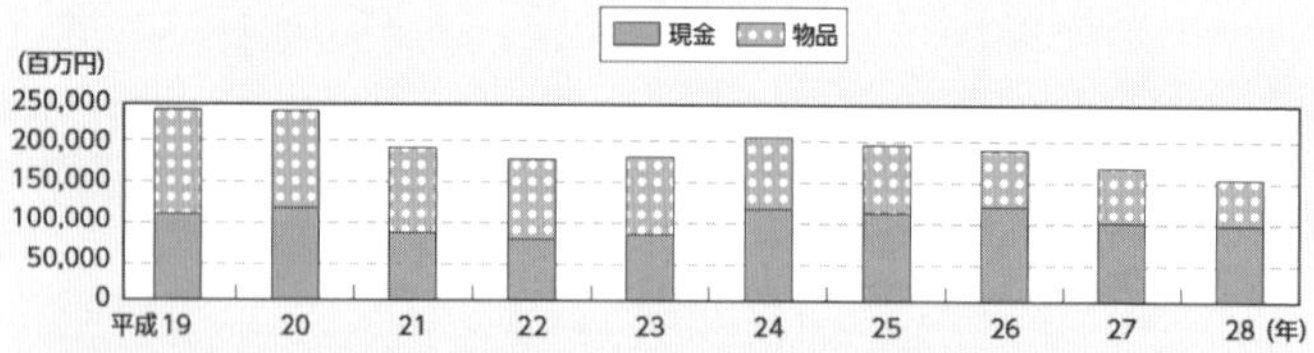

区分＼年次	19	20	21	22	23	24	25	26	27	28
総額（百万円）	228,594	227,083	183,233	170,341	172,372	196,520	187,333	182,044	161,287	147,302
現金	102,245	110,119	79,756	73,081	77,985	111,073	106,414	113,185	93,967	91,156
物品	126,349	116,964	103,477	97,260	94,388	85,447	80,919	68,860	67,320	56,146

犯罪件数（認知数）と被害額は一貫して減少傾向にある（『平成 29 年警察白書』）。にも関わらず、監視状況が強くなる矛盾がある。

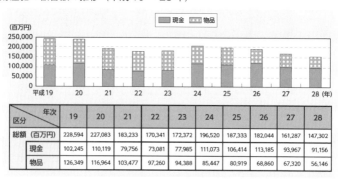

われた。

「『公共の安全と秩序の維持』といった警察に関する古典主義的なモデルを克服して、『個人の権利と自由の保護』といった任務を警察の独立した任務として承認し、その上でそれをコントロールするというかたちに変わってきているようです」。（白藤博行の談話、「『監視社会』に向かう日本と法」『法律時報』二〇〇三年一一月号）

この変化を体現するものが「生活安全警察」という部局の存在だ。いま警察は「地域警察」「刑事警察」「交通警察」「警備警察」「総務・警務警察」と幾つか職種に分かれており、そのなかのひとつになる。一九八〇年代から一九九〇年代初め、警察内部で地域の生活安全の確保への意識が高まり、一九九四年に警察庁に生活安全局が設置された。これがいまの各県警にある生活安全部の発端となっている。

日本の監視／防犯システムはイギリスなどと比べると、法体制と運用システムにおける市民の権利への配慮に欠けている点が多い。市民による監視機関の不在、情報の厳正な管理法の不在、人権に配慮した運用指針の欠如、カメラの明示という配慮が不足がちなどの問題点だ。監視／防犯カメラシステムを是としても、日本の現状は市民の自主性による治安確保の視点が抜けている。

生活安全警察は警察全体の権限拡大を意味する。市民の自主的な権限が欠けている以上、かれらが監視／防犯システムを利用して私たちの生活のさまざまな場面に「個人の権利と自由の保護」といっ

日本とは異なり、海外では監視／防犯カメラがあることがしっかり示される。写真はドイツ・ベルリンの駅構内。（撮影／筆者）

た名目で介入する危惧もあるが、その歯止めが外国に比べないことが問題となっている。

監視／防犯カメラは地域社会をどのように変容させるだろうか。まず匿名の自由が失われる。あくびをしようが、キスをしようが、もしカメラがあるなら確実にその姿は録画されており、そこに躊躇は生まれ、萎縮も生じようというものだ。さらに政治的行動（身近なものではマンション建設や立ち退き反対の意思表示）の足跡も確実に記録される。監視／防犯カメラは路上という公共空間の自由を奪うと言われるゆえんである。

こうした状態は地域社会の秩序なり営みから自由度を目減りさせ、行政なり警察なりに依存する部分を増やすことになる。それは市民のイニシアチブを損なうことにもなりかねない。

人々の生活の場、地域社会は理解と共存のための対話の試みは必ずしもうまくいかず、これを解決する手段として行政・警察権力による管理・監視が強まっている。この妨げと縛りが「日常生活のＮＧ」をめぐる現状である。

第2章　地域生活から閉め出されつつある政治と宗教

●祭りの喧騒が迷惑とされる理由

自由は日常生活だけでなく、地域生活からも失われつつある。「音」は人と人をつなぐ、なかば公共的な存在である。この音はその変貌の一端を知る鍵でもある。

暮らしの中で生み出される音は周囲へと伝わり、広がっていくとき、ときに不快の感情を喚起し、苦情へとつながる。生活音は、子どもの発する音もまたそうだろうが、本来聞かれることを前提としない。では、聞かれること、共有される音ならどうだろうか。音が感性と文脈に依存するものである限り、こちらも反発と苦情を生む可能性がある。「地域生活のNG」につき、音を手がかりに探ってみよう。

地域社会で共有される音として除夜の鐘の音、そして祭りの喧騒（音楽）がある。両方とも地域共同の音環境（サウンドスケープ）にとって欠かすことのできないものだった。だが、徐々にこれを騒音とみなす人が増えてきた。

前者、除夜の鐘の音から見てみよう。東京都小金井市の千手院は二〇一四年から除夜の鐘を取り止めている。保育園改装を機に寺内の伽藍の配置換えをしたところ、鐘楼の近くとなった民家の住民から苦情が寄せられたためという。

中止は不幸な結果だが、幾つかの寺では時間を繰り上げ、「除夕の鐘」とすることで対処している。静岡県牧之原市の大澤寺などがその例だが、昼型への時間変更は歓迎され、参拝客が増える傾向にあるようだ。除夜の鐘の「除」には「はらう」や「きよめる」の意味が込められている。日付変更の瞬間に煩悩を取り除いて新世界の幕開けを迎えるのが本来のあり方だろう。時間繰り上げは行事の持つ宗教的意味合いがぼけることにつながる。

除夜の鐘に限らず、鐘の音は敬遠されがちにある。梵鐘の制作職人のもとには、低めの音が鳴る鐘の注文が多く寄せられるという。寺院の周辺の宅地開発が進み、鐘の音がよく響く高音ではまずいからだ。

祭りの音への苦情もしばしばメディアが取り上げるようになった。もっとも大きく報道されたものは、徳島市の阿波踊りだ。県には六、七年前から河川敷や公園での練習の騒音に苦情が寄せられている。とあるテレビドキュメンタリーでは、本番の市外行進で夜が更けたら泣く泣く無音で踊るさまが取り上げられた。

ほかの例もあげよう。大阪市平野区の杭全（くまた）神社の平野郷夏まつりは、街中を駆け抜けるだんじり（山車）でよく知られている。こちらも移り住んだ新住民から練習に対し苦情が寄せられている。北海道のＹＯＳＡＫＯＩソーラン祭りでは各グループが競う演舞に対し新条例による騒音規制が課された。違反グループの演舞は中止。深夜労働のため昼間の睡眠の邪魔との近隣住民の苦情が背景にある。

夜店の風紀紊乱が厭われる例もある。靖国神社のみたままつりの夜店は二〇一五年から中止になっていた（二〇一八年より再開）。神輿の練り歩きや盆踊りはそのままだが、ゴミの放置、深夜の飲酒と喧嘩、およびナンパに対する近隣の苦情が原因だ。

全国的に知られた祭りや著名な神社の夜店が肩身の狭い思いをしているのなら、知名度がさほど高くない祭りがそれ以上の苦境にあるのは想像に難くない。例えば阿波踊りは徳島市だけでなく、移住者が各地でその種を蒔き、育てようと試みている。東京都杉並区の例では近隣住民への対応に苦慮しているという。祭りの練習は基本的に屋外ではなく屋内だが、それでも音には注意を払っている。

「一度でも苦情が入ると体育館が借りられなくなる。杉並区では住民の入れ替わりが激しく、新住民の多くは阿波踊りが本番だけでなく日頃から練習が必要だと知らない。自分たちと関係ない音だと思うと、騒音と感じるのかも」。（踊り手「ひょっとこ連」の副連長の坂牧史子氏のコメント、ウェブ「SankeiBiz」二〇一五年八月二二日）

本来祭りは無前提で地域で共有されるものだったが、この構造が崩れている。価値観の多様化、伝統習慣の希薄化のゆえだろう。祭りに興じるものは絶対多数でなく、地域社会のなかの単なる社会集団のひとつとなった。これを嫌うもの、無関心なものとのズレは、私的な利害の違いの性格を帯びるようになった。これは祭りの持つ公共性の役割が薄れた、あるいは消えつつあることを意味する。

祭りが地域社会のなかでどのような立場に置かれ、どのようなものとみなされているのか。ひとつの事例に則し、詳しくみてみよう。神奈川県横浜市戸塚区に八坂神社の祭りがある。これもまた風紀が乱れるとNGを出されている。氏子の男性が女装してお札をまきながら踊り歩くお札まきで知られ、当日は多くの観光客が訪れる。祭りには恒例で露店が立ち並ぶが、混乱と風紀の乱れを理由に二〇一五年から出店が取り止めとなった。その詳しい事情につき、八坂神社実行委員会の副会長であり、八坂神社の氏子総代の内田俊夫氏に聞いた。

まず規制理由のひとつは祭りの混雑にあるという。

「二〇〇一年に明石で花火の事故がありましたね。あれから警察は人が集まることに大変厳しくなりました」。

警察は警備の厳重さを求めるが、それは祭りを支える地元の町内会にとっては重荷となる。会員の高齢化により祭りのボランティア活動はより負担となってのしかかり、警備員を雇うなら出費はかさむ。

「警備しやすいよう露店も減らせと言うんです。単なる地域の一部の人たちの祭りに警察員を多くは割けない。土日までやって祝祭日の手当まで出させるのはいかがなものかとも言われました」。

安全を重視し、なおかつ手間がかからない。それが警察の希望で、規模縮小の要求だった。しかし祭りは毎年のことであり、露天商側の都合もある。双方の要求が折り合わなかったため中止となった。

「早めに要求を出してくれれば調整は可能だったかもしれない。僕からすると、警察の本音はやらせたくなかったのかもしれないと思います」。

もうひとつの規制理由は祭りがもたらした風紀の乱れだ。

「お祭りが終わってから夜中まで、若い連中が集まって路上でお酒を飲んで集まって騒ぐようになったんです。エスカレートして暴力沙汰になったら困りますよね。警察は集まる元を断とうということもあり、規模縮小のため露店を減らせないかと言ってきた」。

この若者の騒ぎはいわば二次影響なのだが、それが祭りの存続に関わる問題に発展したのは湘南の海の家の状況とよく似ている。祭りから露店が消えることで確かに歓迎されざる若者たちの集会はなくなった。その後、町内会はいったんは取りやめとなった露店の復活をめざすべく署名活動を始めた。だが、道のりは平坦ではなかった。

「行政のほうに相談しても政教分離を盾にして及び腰の対応です。これは地域の文化であり、守ることも警察の役目でしょう。それは区役所も同じで、市民の文化と生活を守るという意味から、本当は政教分離を薄めて解釈してほしいものです」。

行政と警察という「官」は神社の祭りにあまり好意的ではないようだ。では「民」はどうだろうか。

「古い住民は昔からの祭りだから一日我慢しようねと考えます。しかし、新しい住民は祭りは楽しみたいけどマイナス面は嫌だとなります」。

祭りのさなかは混雑で車の出し入れは厳しくなる。大量のゴミも出てくる。さらに祭りは外部出店の露店ばかり儲かり、地元の商店街は潤わないという潜在的な不満がある。近年の戸塚駅周辺の駅ビルなどの再開発、区役所の移転、大手メーカーのリストラで町は大きく様変わりした。新規進出の店舗や企業も地元の伝統文化への理解は芳しくなく、協力は得られにくい状況だ。

　この悪状況に対し、内田氏には状況打開の秘策があった。

「二〇一六年は大きくやり方を変え、八坂神社の祭礼はそのままですが、露店に関してはとつか夏まつりと名前を変えて別だてで行いました。たまたま同じ日に開催する体裁を取り、政教分離の形で。区役所も地元の地域振興なら協力するし、警察も地域をあげての祭りなら理解が得られやすかったのです」。

　出店は地元の商店にも参加してもらうという。地域全体のフェスティバルに変貌させることで、新旧住民が無理なく一体となれる祭りをめざすものだ。そして、この策は成功へと導いた。二〇一六年にはお札まきととつか夏まつりが併行して催され、盛況を博した。

　祭りがこの時代に生き残る手段。それには、最大多数の利益に対応するよう工夫を凝らす、あるいは自らの性格を変える、という対策が有効なようだ。

　祭りとはふたつの性格を持つ。世俗的な催事と宗教的な祭祀である。除夜の鐘の時間繰り上げ、あるいはお札祭りの露店と神社の分離に見るように、祭りが地域社会のなかで生き残るため祭祀の要素を薄められる方向にある。宗教は個人の内面の問題のみに捉えられがちだが、社会集団や共同体の規範であり、精神世界でもある。人々は規範によってつながり、精神世界を共有することで一体感を抱く。祭りは死んだ人の魂、あるいは神々を呼び寄せることであり、また豊作を祝い、幸福の祈願を人々とともに行うことでもある。決してエンターテインメントやレジャーのような享楽的な性格のみで構成されているわけではない。

しかし地域社会にある異なる価値観や意見との擦り合わせにより、ある種の精神世界が失われていく現状がある。そこに残されるのは、食べ、飲み、楽しむといった世俗的な行為だ。つまり、世界は平坦なものとなりつつある。地域生活のNGは排斥というかたちを取るが、これがもたらすものは深刻さを秘めている。

◉──「平和・戦争」「憲法」は自治体から疎まれる

地域社会から自由が失われることは、単に行動の制限に止まらず、性質そのものが変わってしまうことでもある。祈りでもある祭りの現状はそのことを教えてくれる。

政治はまつりごとともいう。この人と人が集まることで初めて意味を持つ「まつり」もまた地域社会の中でNGを突きつけられている。昨今、地域の公的な場で「平和・戦争」「憲法」がNGワードとして広まり、排斥されつつあるのだ。

二〇一四年はこの問題が一挙に表面化した年だった。市民のイベントで「平和・戦争」「憲法」「原発」などの政治的主題が問題視され、地方自治体が後援を拒否した事例が多数発生した。その分布をあげると、調布市、千葉市、白井市、高崎市、神戸市、札幌市、宮城県、長野県、静岡県、堺市、京都府、京都市、大津市、岡山県、鳥取市、福岡市、奈良県、佐野市となる。

「毎日新聞」は二〇一五年六月一〇日の「萎縮する社会」という記事でこの問題を包括的に紹介した。「毎日新聞が4～5月、『憲法』『平和・戦争』『原発』『特定秘密保護法』の四つをテーマとするイベントについて2010～14年度に後援申請を断った件数を自治体に尋ねたところ、5年間で倍増していた」「申請を断ったのは65自治体で計154件」「以前は応じていた後援を断るようになったケースは10件。うち『憲法』が6件と過半数を占め、『平和・戦争』『原発』が各2件だった」。

二〇一四年九月、調布九条の会「憲法ひろば」は翌年一月開催の創立一〇周年記念イベントへの後援を調布市に求めたところ拒否されたという。「調布市後援等に関する取扱要項」で「特定の政党を支持し、もしくはこれに反対するための政治活動、宗教活動または営利を目的とした活動でないこと」に違反するからだという。会の抗議に対し市は「行政としては改憲に賛成とも反対とも言えない。だから改憲阻止という団体のアピールに応えた活動に、後援するわけにはいかない。両方に距離を取っていたい」と回答した（『調布「憲法ひろば」10周年記念行事に対する調布市の「後援不承認」問題についてのご報告』　調布「憲法ひろば」事務局　報告より）。

自治体は本来憲法を遵守すべき責務を持つが、現行の憲法遵守を掲げる団体に賛意を示さない姿勢に違和感はぬぐいきれない。調布九条の会の名前から反戦の主張が予想されるが、調布市は平和都市宣言を行っている自治体だ。この点でも違和感は残る。無原則な禁止や制限が乱発し、市民の活動は萎縮せざるを得ない状況にある。

ここでひとつの反論が考えられるだろう。拒否されたのは自治体の後援であり、市民団体の集会が禁止されたわけではない。だから、言論表現の自由の原則に違反しないと。ここで原則論ではなく、地域社会において「憲法」や「平和・戦争」などの言葉がどのような意味を持っているか考えてみたい。そこでより自由の制限が厳しいもの、市民フェスティバルからの市民団体排除の事例を読み解いていこう。

国分寺市では市民によるフェスティバル、国分寺まつりが毎年開催されている。商工団体と市民が実行委員で、事務局は市役所と地元商工会などが担当。公的な補助金も支給されるいわば半官半民の催事だ。ここで例年参加の国分寺9条の会とBye-Bye原発／国分寺の会が二〇一四年度より実行委員会から参加を拒否された。

参加申請が拒否された理由は、開催規則が変更である。具体的には、出展要項の禁則に「政治・宗教的な意味合いの出店であるもの」が付け加えられたのだ。これは市議会で国分寺9条の会の参加が問題視されたからに他ならない。

「(筆者注　お祭りのとき国分寺9条の会らから)その政治的な主張が出れば、当然そこに相反する考え方を持っている方というのは世の中には絶対いるわけですから、そこで対立行動というのを生むわけですよ。そこはお祭りである以上は、文化的要素に全てをとどめ、楽しむ場として完結をすると。それがお祭りの大原則だと私は思いますよ」(木村徳市議の発言、二〇一三年一一月一二日、国分寺市議会総務委員会)。

木村徳（いさお）自民党市議のこの発言が発端となり、市議会で該当の団体が国分寺まつりにふさわしいかどうか議論が起こった。彼は現行の場合補助金の廃止も選択肢に入れて弁論をふるった。彼は「慰安婦問題の歴史的真実を求める日本地方議員の会」に名を連ねるいわゆる歴史修正主義の流れを汲む政治家だ。

市議会は木村市議の意見に同意するものが多く、樋口満雄副市長は「御指摘の趣旨に沿うような対応を市としてはその方向性で検討する」と対処を了承した。増田章司・文化のまちづくり課長は判断のさいの基準がないことに注意を促し、その作成を申し送り事項として実行委員会に付託する。その翌年、国分寺9条の会は国分寺まつりからの排除を通知される。この間の経緯は明らかにされておらず、公文書公開を請求するものの主催団体は市の公的団体ではないという理由で却下される。実に不明瞭な事態だ。

国分寺9条の会は実行委員会の決定直後、記者会見を行い、二度にわたる市当局への要請書、人権救済申立、国分寺市民一〇〇〇人署名運動などを展開した。告発の論点は以下になる。まず憲法二一条にある表現の自由と集会の自由の侵害、憲法一四条にある差別禁止（平等権）への背反、国際人権規約（の自由権規約）一九条二項の表現の自由への侵害。さらに地方自治法二四四条の二「（地方自治体は）正当な理由がない限り、住民が公の施設を利用することを拒んではならない」への違反で、この「精神と理念を尊重して国分寺まつりを行う義務」を怠ったことをあげている。

これに対し「市としては国分寺まつり実行委員会の判断を尊重する」との責任逃れに終始している。実行委員会のほうは同会の代表である増島高敬氏の問いかけに答えようともしなかった。

◉——地域社会から政治性が排斥される意味

「政治的な主張」を行ったとみなされるとき、地域社会の自由は阻害され、市民のグループは排斥される。国分寺9条の会の問題は三つの論点に整理できる。会はいさかいを引き起こすような存在なのか。市の祭りに参加する団体の資格とはなにか。そして「政治的な主張」の定義とは何か、である。

会は国分寺まつりでは、鈴木賢二写真展示「東京大空襲の生き証人」、展示「憲法9条をめぐる動き」などの写真と資料展示が中心。いわば社会文化サークルのような活動しか行っていない。憲法九条の改正是非を問う投票を行ったが、これはあくまでアンケートに徹するものだ。

「我々は論争をふっかけてどうこうしようというのではない。ただ情報を提供したいだけです」。

会代表の増島高敬氏は取材にこう答える。

「政治的に異なる団体のぶつかり合いを気にしているなら、出店者のルールやマナーを具体的に話し合えばいい。お互いにその条文を話し合うための一時保留というなら理解できる。そこまで引く用意はこちらにもあります」。

平和で極めて穏便な活動をしている団体が攻撃されたとき、落ち度のない被害者も一緒に排除してしまっては自治体の見識が問われる。あくまでも否定すべきは秩序を乱すほうではないか。

次の論点に、市の祭りに参加する団体の資格とはなにかがある。

「素朴な市民感情としては、楽しい集まりにわざわざ戦争の問題を提起したり、憲法の旗を立てなくてもいいじゃないかと思われる向きもあることも理解はしています。しかし多数の人々に問題を提起する場はなかなかないのです」。

まず、市民まつりを「楽しみ」といった行楽的なものに限定すべきかという問題がある。内容の厳格な統制は多様性を失わせ、彩りという面白みを欠くことにもつながるだろう。

さらに、市民にとって何が必要かを考慮する姿勢もまた大切だろう。求められたものを揃えるのではなく、意図しなかったものへの積極性だ。

この問題は地域の情報インフラの点から考えると理解しやすい。市民それぞれ主義主張が異なるなら、各自が勝手に自分の求める情報を得ればいい。祭りに政治色は不要となる。これは一見正しく見えるが、情報強者の発想だ。最大公約数の人々にとって未知であっても望ましい情報を提供するなら、市民の祭りはその役目に適うものだろう。後援の問題もこの市民のための情報インフラの観点から考えるべきだろう。情報は等価ではなく、市民のため積極的に推奨すべき情報というものはあるのである。

ここで「平和・戦争」「憲法」は「最大公約数の人々がほしい情報」かが問われる。毎年八月六日、原爆投下の惨禍を改めて記憶に刻むべく、広島で平和記念式典が行われ、歴代首相は「不戦の誓い」を述べ続けている。自民党のHPの「平和安全法制」の項にもこれは記載されている。非核平和都市宣言は一六三二の自治体で採択され、これは自治体総数の実に九二・二九％にも昇る（日本非核宣言自治体協議会の発表）。ちなみに国分寺市も非核平和都市宣言を採択している。これは「最大公約数の人々がほしい情報」に適うものと見ていいのではないか。

憲法はどうだろうか。憲法とは自治体や政府はその理念を尊重し、規範に従わなければいけない最高法規だ。そのよりよい理解は、市民参加で成り立つ地域行政と国政をうまく機能させるため不可欠のものだ。

最後に「政治的な主張」の定義の問題になる。この問題では「政治」という言葉が濫用されているが、行政においては政治の意味には明確な定義がある。この問題における市議会での片畑智子市議による反論の発言を引用してみよう。

「特定非営利活動促進法（ＮＰＯ）第２条には、特定非営利活動法人の定義の１つとして、『政治上の主義を推進し、支持し、又はこれに反対することを主たる目的とするものでないこと』とあり、逆に言えば、『政治上の主義を推進し、支持し、又はこれに反対すること』であったとしても、それを従たる目的で行うことは可能となっています。また、政治上の主義と政治上の施策との区別がなされており、政治によって実現しようとする、例えば、環境保全対策や高齢者対策などの具体的な方策である政治上の施策に対して、賛成、あるいは反対する活動については禁止されていません」（片畑智子市議の発言、二〇一四年九月四日、第三定例会〈第四日〉）。

行政に関わる社会活動では、原則的には政治的なイデオロギー啓蒙が「主」の活動のみ禁じられ、それ以外のもの、たとえば「政治上の施策」に関わるものは基本的に許容される。それは片畑議員がいう「政治に関心を持ち政治に参加するということは、民主主義、あるいは市民自治の根幹であり、逆に言うと、あらゆることが政治につながっているとも言えるから」である。

「政治」なる言葉の濫用は、自民党ら保守系議員が対立する政治的主張の排斥のため用いられる。こうした現象が各地で広まりつつあるが、逆に与党側や主流の意見は「政治色」のないものとして無色透明化される。こうした体制に順応を強制する空気が地域社会、公共空間を覆おうとしている。

この無色透明の空気は市民フェスティバルにみるように、飲み、食べるという享楽にのみ人々を縛り付けようとする。その性質は異なるが、政治と宗教の地域社会からの排斥には似たものがある。結果的に、人の想像力と活動を日々の生活のみに縛ることで、真の意味での人と人の対話やつながりを分断する「病」が進行している。

国分寺9条の会は本件で市を相手取り、東京弁護士会に人権救済の申立てを行った。東京弁護士会からは市と実行委員会の対応の人権侵害性を指摘し、是正を求める要望が出されている。その結果、国分寺9条の会は二〇一七年度は参加できた。国分寺市の「最大公約数の人々がほしい情報」と与党の意見のみに収斂されない議論の多様性の確保はこうした市民の活動力にかかっている。これはより広く人々が留意すべき問題だろう。

片畑市議にならっていうなら、地域社会から「政治」が薄れていくことは民主主義という社会の基盤を危うくする意味を持つ。

図書館の自由を攻撃するのは誰か

地域社会の変貌は、情報インフラの置かれた現状からも知ることができる。情報とは差異、違いによって成り立つものだが、これが薄れてしまうとき、その存在意義が危機に立たされる。情報が無色透明、無害無臭であっては意味がない。これは図書館をめぐる統制の話である。

近年もっとも報じられたものに広島原爆が主題のマンガ『はだしのゲン』に対しての複数の事件がある。まず二〇一一年八月、鳥取市立中央図書館で児童書コーナーにあった同書が児童の保護者から撤去の要望を受け、事務室に移された。同様の事件は多く起きている。次に二〇一二年一二月に島根県松江市市内の全小中学校の学校図書室で閲覧制限（閉架）が行われた。これは松江市教育委員会の「要請」にもとづく。二〇一四年一月には大阪府泉佐野市の市立小中学校の学校図書室から市長の要請で回収された。そのほか、撤去に到らなかった未然の事例ではあるが、東京都や神奈川県、北海道、宮城県など各所で撤去の請願や陳情、要請がなされている。その具体的な数については、東京新聞の調査では東京都と都内の教育委員会・議会に計一四件（二〇一四年二月二一日）、NHKの調査では東京都や北海道などの一三自治体（二〇一四年四月二二日）という。そのうち幾つかは新しい歴史教科書をつくる会による働きかけだ。

これら多くの事例は、泉佐野市の件を除けば、似た性格を持つ。それは市民（団体）の側からの要望が端緒の点だ。島根の件では、一市民による撤去の陳情が市教育委員会（二〇一二年四月から五月）

と市議会（同年八月）に対してなされたことが発端だ。

「『はだしのゲン』には天皇陛下に対する侮辱、国歌に対しての間違った解釈、ありもしない日本軍の蛮行が掲載されています。このように間違った歴史認識により描かれた本が学校図書室にあることは、松江市の子どもたちに間違った歴史認識を植え付け、子どもたちの国と郷土を愛する態度の涵養に悪影響を及ぼす可能性が高いので、即座に撤去されることを求めます」。

この陳情書は市議会の教育民生委員会で議論され、不採択となった。「人格形成途中の小・中学生に対して提供して良いか疑問」とされ、過激な描写への疑義も出された。しかし結論として、そもそも本作の映画が国の推薦作という高い評価を受けていること、歴史認識の多様性の尊重、学校の決定に議会が干渉すべきではない、などの意見が重きをなした。教育民生委員会の諮問では、見識を問われた教育委員会自身が撤去の必要はないと見解を述べている。

しかし教育委員会事務局内部での議論は閉架という制限付きの閲覧が妥当との結論を見た。その決定の理由に「各所に暴力シーンがあること、とりわけ一〇巻にある斬首、首を斬ることや女性への性的暴行の場面」が生徒への心理的影響を危惧したという。この決定は口頭での「要請」という形を取り、事務局は校長会の各校に配慮を求めた。一校が反対意見だったというが、事実上の強制力を持った圧力だろう。この対応は各所で反発を招き、一般からも多くの苦情が寄せられ、教育委員会は撤回を決定した。二〇一三年八月二一日に下村博文文科相と菅義偉官房長官（こちらは一般論として）は本の撤去に対する理解を示す認識を述べた。

本件を整理すると、ふたつの論点がある。本来その意を汲むべき市議会教育民生委員会、教育委員会（こちらは諮問しなかった）を無視した教育委員会事務局の処置は正当性を欠くこと。（性的な）残虐描写が不適当かどうかは討議のすえ判断をすべきものであって、その手続きを欠いたのは不見識であることだ。

『はだしのゲン』に対するこのNGは、安倍政権によるマスコミに対する圧力攻勢などの言論統制と連動するものと多くのものに受けとめられた。それは社会の右傾化から反戦平和の言論を守れという主張による反発を招いた。

図書館の自由、あるいは社会的役割を考えるさいしばしば用いられる論法に「良書主義」がある。良書を守る運動は、正義の観念に適うものだ。だが、そもそも図書館は良書で占められるべきものなのか。良書とは誰がどのような基準で決めるものなのか。幾つかの疑問が浮かびあがってくる。日本図書館協会と全国学校図書館協議会は松江市の件に対し閉架反対の要望を市に送っている。ちなみに図書館には二種類があり、一般市民を対象とした社会教育の（公立）図書館、学校教育の学校図書館がある。

図書館の自由の問題を考えるとき、日本図書館協会という専門家集団の見識が貴重な示唆となる。協会の図書館の自由委員会にその意見を聞いた。

「図書館の自由からいうと、『はだしのゲン』が名作だから守ろうという考えでは全然ない。何であろうと排除そのものがダメというのが我々の立場」（山家篤夫氏）。

「図書館では、とにかく表現されたものすべてが大切なんです。収集、提供が我々の仕事。表現が阻害されたら収集すらできない。そういう立場から言論の自由を訴えています。基本的に図書館で読みたいものが読める自由、これを読んでも後から何も言われることのない社会環境であること。読むための仕組みの視点から考えているのです」（伊沢ユキエ氏）。

『はだしのゲン』がマンガとして名作かどうかは権利擁護に関係ない。ただ、世に出版される書籍は数知れない。そこでなぜこの本が選書の基準となるだろうか。ひとつの意見として山家氏はこう指摘する。「資料として、原爆の問題、被爆者の立場についてよく描かれている。置くべきだと思いますよ」。資料性の高さが選書の理由だという。筆者はむしろマンガ表現としてのキャラクター描写が持つ生命力に軍配をあげたい気がする。

これまでにも図書館の自由は幾多の危機にさらされてきた。しかしその性格はまちまちだ。

一九七三年に山口県立図書館の課長が「思想的偏向」を理由に特定の図書を隠蔽する事件が起きた。その対象となったのは、小田実『脱走兵の思想』（太平出版）、吉本隆明『芸術的抵抗と挫折』（未来社）、家永三郎『歴史家の見た憲法・教育問題』（日本評論社）など、左翼的ないし反権力的な書籍だ。

一九八一年には管理教育で鳴らした愛知県にある高校の学校図書の選書のさい、校長が自身の思想信条から越権の介入で多くの書籍が「禁書」扱いとなった。その書籍には、日高六郎『戦後思想を考える』（岩波書店）のような政治色の強いものもあるが、黒柳徹子『窓ぎわのトットちゃん』（講談社）、渋谷陽一『ロックミュージック進化論』（日本放送出版協会）のようなものも含まれ、硬直した教育倫理の発想が窺える。

最近のほかの例では、二〇一五年に平和紙芝居『元従軍慰安婦スボクさんの決心』（作／渡辺泰子、絵／渡辺皓司、汐文社）がある。和歌山市議の戸田正人が市教育委員会に働きかけ、市図書館で貸出禁止となったという。二〇一四年には市民の請願により同じ本に対する撤去の請願が千葉県松戸市であったが、こちらは撤去に至らなかった。この図書館の禁書の歴史も、最近は新しい傾向が見られるという。

一口に言えば、図書に対するNGはその時々と場所に応じて市民や学校生徒に対し「読んでほしくないもの」が槍玉にあげられる。分布の多寡はあっても政治の左だけでなく右のほうにもあるし、一般道徳に反するものも対象となる。この図書館の禁書の歴史も、最近は新しい傾向が見られるという。

「大まかな流れでいうと、昔はわかりやすい検閲が多かったですね。政治家あるいはそのバックアップを受けて、左翼的とまではいわず多少はオブラートに包んで思想的に問題があるとされ、検閲されました。いまはむしろ市民が主流となって働きかける例が多い」（山家氏）。

『はだしのゲン』への全国的な排除攻勢は新しい歴史教科書をつくる会らが大きな役割を担った。同会は自民党右派に極めて近い存在だが市民団体であり、これも現在の傾向だろう。

一口に言えば、図書に対するNGとはその時々と場所に応じて市民や学校生徒に対し「読んでほしくないもの」が槍玉にあげられる。分布の多寡はあっても政治の左右の両方にこれはあるし、一般道徳に反するものも理由とされる。

神戸連続児童殺傷事件の加害者「元少年A」による『絶歌』（太田出版）もNG例のひとつだ。その出版にあたって被害者遺族への配慮を欠いたとの強い批判が起こった。

これに対し、日本図書館協会の図書館の自由委員会は声明を発表。同書が「図書館の自由に関する宣言」で表明された自由な収集・提供の原則が適用されるべき図書であると強調した。協会自由委員会の声明はあくまで意見の表明であり、実際の対処は各図書館の自由に任されている。『絶歌』の対応は図書館によって大きく分かれた。

ちなみに協会が掲げる「図書館の自由に関する宣言」の「知る自由」とは「いっさいの基本的人権と密接にかかわ」るものだ。図書館利用における「年齢」差別の反対、「図書館は、正当な理由がないかぎり、ある種の資料を特別扱いしたり、資料の内容に手を加えたり、書架から撤去したり、廃棄したりはしない」と記載されている。『はだしのゲン』と『絶歌』はまったく性質の異なる書籍だが、両者の事件とともに図書館の自由を損ねかねないものと協会自由委員会は捉えている。

「弱者という言葉は本来表現の自由を守るためのものですが、むしろ損ねる方向に働きました。被害者の立場に寄り添うという言葉も使われています。『絶歌』の件で事務局に寄せられた意見は反感が多かった。あなたたちは高等教育を受けているからそういう風に言えるのだと言われて、それには困りました。我々からすると逆風が吹いているように思います」（山家氏）。

図書の自由とは地域社会にどれだけ自由があるかのバロメーターである。それがさまざまな理由、意向により、ムラのない平板にしようとする統制の強い働きかけがいまある。

●――良書主義でなく機会の自由を

「図書館の自由」は市民に歓迎されることもあれば疎まれることもある。地域社会の自由を考えるとき、ときに立場が分かれて争う市民の意見だけでなく、問題に対し充分な知識と見識を保有した専門家の意見もまた参考にする必要がある。

　図書館とは多様な意見を表現した出版物その他の資料を人びとに自由に提供することにある。図書館は議論・見解が分かれるものに関しては、様々な資料を入れていくべきといわれている。……「言論の自由」、「表現の自由」、「知的自由」とは、「選択」の幅の広さなのである。（西河内靖泰『知をひらく』青灯社）

これは図書館の自由委員会の現委員長、西河内靖泰氏の著作の言葉だ。彼は委員としてでなく個人的な立場で取材に応じ、『絶歌』という難しい問題に対し明快にこう語った。

「『絶歌』は排除する対象でも何でもない。公に出されたものを読みたいという人がいるならしょうがないでしょう。図書館に置かないというのは歴史的な資料価値すら否定してしまうことです。もし一〇年経って学者が調べようとしてどこの図書館にもなかったら研究すらできない」。

西河内氏の指摘にはふたつの主張が含まれている。ひとつは、言論と表現の「完全な機会の保障」である。戦後日本で唱えられてきた自由のうち少なからずのものは、大日本帝国という全体主義への反省から生まれている。「図書館がダメになったとき、どうなるのかはすでに経験済みのはずなのだから」とは先の著作からの文章だが、これが戦前の言論弾圧をさすことは明らかだろう。この歴史の教訓はいまも重い意味を持つ。

ふたつめは、歴史の記憶装置としての図書館の役割だ。一方的な視点で記述された史観は問題点があれば、ほころびを見出すことは難しくない。だが事実の抹消は反省と批判的思考の契機を奪う。西河内氏の著作にいう「選択の幅」とは、生きた歴史を記憶に留めるための情報環境の必須条件なのだ。

図書館は図書の自由とは関わりのないところで存亡の危機に立っている。民営化の問題だ。西河内氏は言う。

「いま図書館の歴史で積み重ねてきたことすべてが否定されようとしています。それは武雄市図書館にみるような、TSUTAYAへの民間委託の問題です。ここにふたつの違う考えがあります。ストックとフローの違いです。フローで成り立っているのが本屋で、ストックを大切にするのが図書館です。本屋の論理を持ち込むならストックした本を捨てるしかない」。

武雄市図書館が数多くの郷土資料を廃棄していたことは示唆的だ。少部数小規模出版が多い郷土資料は買い戻すのは難しいだろう。それは郷土の歴史という記憶が公共空間から永遠に失われることだ。図書館の民営化は為政者の意思だけでなく、市民の大きな支持を集めている点も見逃せない。

図書館運営と施策は高度な専門性を有し、携わるものには歴史と書籍への幅広い知識、業務への深い理解が求められる。そこに専門家が存在する意義があり、図書館はその意志と見識を尊重した運営が望ましい。その職権と裁量を外部あるいは上部がいたずらに犯すのは好ましくない。しばしば見られる図書館長が非専門職出身という人事も望ましいものではない。

「いま腹をくくって抵抗する職員が減っている。事なかれ主義の保身に走るんです。現場の長が自信を持って主張すればどんな行政のトップでもそう簡単に介入はできない。僕自身の経験で言えば、政治的な立場が違っても擁護してくれました。もっと図書館本来の役割に自信を持ってほしいと思います」。

西河内氏は現状を嘆く。図書館司書の側にも自己批判による自浄が欠かせないだろう。たとえば、「良書主義」の弊に陥って過ちを犯した事例もある。二〇〇一年八月に起きた船橋市西図書館での蔵書廃棄の事件だ。同館の司書は新しい歴史教科書をつくる会の名誉会長の西尾幹二、福田和也や西部邁ら保守系知識人の著作五四一冊を無断で廃棄した。図書館問題研究会はこの事件を憂慮し、良書主義からの訣別をうたう声明を発表した（西河内氏は事件当時同会の自由委員会委員長だった）。

だが市民にも過ちはある。図書が持つ公共性の役割をよく理解し、「指南」という役割を担って日々職務に精励する図書館司書の専門性を評価すること。専門家の目から見た「選択の幅」を受容すること。自身が選んだ政治家に自省と熟慮を求めること。性急な結果を市民が求めないこと。ここに必要なのは、相互の信頼と敬意だ。

図書館の自由とは、自由のあり方を指し示す指針のようなものだ。生活の私的な領域からはみ出し、あるいは一歩外に出るとき、私たちは人々に見られ、人々のなかで振る舞ういわば社会的な存在となる。そうした場は、日々の生活の欲求や個々人のさまざまな感情のせめぎ合いだけでは解決できないことが多々ある。そこに公共性という指標が必要になってくる理由がある。

これまで見てきた多くの亀裂、あるいはきしみは、その指標がうまく働いていないからにほかならない。専門家の存在は、この指標をうまく働かせる鍵のひとつと言える。

第3章　美術に見る、表現とその自由の歪められ方

●──地域住民を無視した自治体の芸術エゴ

いま日本を覆いつつある自由を阻害するNG。その多くが言論表現をめぐってのものだ。世に表現と呼ばれるものはふたつの要素を持っている。ひとつめは個人への帰属で、排他的な権利がそこにある。もうひとつは社会への帰属で、この社会性は世のルールの干渉を必然的に招く。作品は個人の所有物であっても、世に流通し、ときに公共の場に展示されるための社会的な存在でもある。

言論表現の自由とはまず作者や所有者に対してのものであり、その権利の徹底が社会の多様性を保障すると考えられ、至高のものとされる。ここには公共性という社会のなかにおける言論表現の役割がある。

だが、かつて当たり前とされたもの、無前提で人々が共有していたものが揺らいでいる。神社のお

祭りや反戦反核がその一例である。図書館における蔵書の自由もまたときに公の場で問題視される。

ここで言論表現の自由を原則論ではなく、社会との関わりの中で、具体的には役割と機能の点から読み解いていこう。私たちの公共空間はいまどのように変わってきているのだろうか。

本章では、表現の代表例として美術を取り上げる。これは筆者が美術批評が専門だからだ。四つの視点を設けてみた。ひとつめが、市民からの視点、ふたつめが作家の視点、みっつめが展覧会の運営側の視点および問題、よっつめが作品以外の付帯情報、である。この四つの視点から、美術表現に対するNGの広がりとその性格を浮き彫りにしてみたい。

まずは市民の視点から。美術を含む芸術が生活の中に入り込んでくるとき、あるいは公共空間に置かれるとき、ときとして異物に受け取られる。その苦情は、いわば規制として働くことになる。

近年の例として、二〇一一年に横尾忠則のデザインした「ターザンが叫ぶ姿」をあしらったデザイン（ラッピング）のJR加古川線の車両がクレームを受け、お蔵入りになった。二〇〇五年の尼崎JR脱線事故を連想させかねないとの理由だった。もうひとつは、二〇一二年の藤沢市民まつりで小田急江ノ島線湘南台駅構内に設置の北川純によるバルーンアートが市民の苦情を受けて撤去されたもの。パンツやブラジャーをつけた意匠が「卑わい」と反感を買った。

これらを表現の自由に対する抑圧と即断することはやさしい。だが、そこに見落とし、奢りはないだろうか。生活環境の視点から表現にNGを突きつける市民の立場と意見はどのようなものか。そのひとつの例を読み解いてみよう。

二〇一三年に島根県奥出雲町の公園や遊園地に設置された公共彫刻が市民からのクレームを受け、

全国紙に報じられた。タイトルは、「公園のダビデ像『下着をはかせて』……町民が苦情」（ウェブ「読売新聞」二〇一三年二月五日）、「全裸ダビデ像にパンツ⁉島根・出雲町」（ウェブ「東京新聞」二〇一三年二月一九日）だ。

その経緯は、まず同町出身の市民が高さ五メートルの巨大な大理石の彫刻二体を奥出雲町に寄贈。町はこれを公共彫刻として活用することにし、ダビデ像を三成運動公園に、ビーナス像を三成公園みなり遊園地に設置。この二体の彫像に町民がクレームを寄せたのが事件の顛末だ。クレームの内容は「子どもが怖がる」「威圧感がある」「もう少しふさわしい場所に移設して」「（ダビデに）下着をはかせて」（「読売新聞」）という。

報道はいちように「市民の愚かな無理解」というトーンで報じられ、その見出しも煽情的だ。「幼い頃から一流の芸術作品に親しむことで、目を養うことができる。感性に訴えかけ、美術教育にも役立つ」。「読売新聞」の記事は、井上勝博町長のこのコメントで締められている。ネットの意見は揶揄が大半だった。海外紙『TIME』も日本で法的に裸が禁じられていることに触れ、暗に後進性を示唆する。

さて、事件を報道通りに受け取っていいものだろうか。議論すべき論点はふたつある。まず、設置は手続き上正しかった、あるいは十分なものだったのか。そして作品はこの場に本当にふさわしいものだったかだ。町議会で批判の論陣を張った大垣照子町議はこう語る。

「事前の相談は議員や町民に対して何もありませんでした。公園に青いビニールシートが被せてあり、なんだろうと思っていたら、ある日それがはがされて像が設置されていた。芸術に対する理解がないという前にそういうやり方がまずいのです」。

彫刻に台座がなかったので、設置工事はその実費が町負担で加算された。一五〇〇万円とかなりの額になるが、事後に明らかになったという。反対の論陣を張った塔村俊介町議も論点は変わらず、「もっと住民の意見を真摯に聞いていただけるような町政であること」を訴えた（奥出雲町町議会議事録、二〇一二年九月七日）。

事前に十分な説明を行って理解を求めることは、民主政治において欠かせない手順だ。どうやらこれは偶発事件でなく、町の政治習慣に根ざすようだ。

「執行部が提出したものを議会で異論を唱える議員はほとんどいない。何でも通ってしまうわけです。反対を述べるのは、共産党の議員と私ぐらいなもの。自民党が多く強いところですから」。

ふたつめの論点に、彫刻がその場にふさわしかったものかどうかがある。これはクレームという明確なNOが出されている。

「住民の皆さんからはやはり景観上もマッチしない、教育上もよくない、見た目もよくない、見たくない、設置場所がふさわしくない。そしてお子様たちからは、やっぱり気持ちが悪いとか怖いといった苦情がどんどん私の方にも届いておりまして、遊園地もせっかく子供が喜んで行ってたのに、ああいうものが突然建てられて怖い」（大垣照子、町議会議事録、二〇一二年一二月七日）。

塔村町議も同じく批判の発言を議会で述べている。報道やネットの報道は思い込みが先行し、十分な取材なり検証が欠けていたことがわかる。こうした過程から生み出される「世論」がリアルの声、意見、さらに表現をゆがめ、封じていくのだ。

現代美術には作品を設置場所の文脈において捉えるサイト・スペシフィックという概念がある。近代美術が奉じてきた文脈や場に左右されず自律して存在する「純粋な美」は否定されつつある。ルネサンスの美術を歴史風土も異なる奥出雲町に（何の前置きもなしに）そのまま移設することに無理がある。ふたつの彫刻は彫刻家のエンツォ・パスクイニによるものだが、実質は単なるレプリカと言っていい。大垣氏によると寄贈者が出身地に設置しようとしたところ、当地には既に多くの像が設置されており、近隣から夜は不気味との苦情があって手放す羽目になったという。寄贈された町長も所在に困っての処置なのではないか。さらにダビデ像は二〇一八年六月の地震で倒れてしまったという。怪我人がいなかったのが不幸中の幸いだ。

プロの目から見れば、模造が美術的価値を持つ場合もあるが、本件は美術品として成り立たせる文脈を明らかに欠く。為政者が芸術の名のもとに恣意的な決定を押しつけることは本来あってはならない。それは芸術が持つ権威の悪用だ。軽々に論じられない「言論表現の自由」の複雑さの一端である。

●美術の二大検閲、わいせつと政治

美術表現に対する自由の阻害には、展示行為と作品に介入して改変を迫る検閲、ルールや共通理解を理由に表現を封じる規制のふたつがまずあげられる。そしてその主な攻撃対象が、わいせつと政治問題だ。

わいせつは明治期から当局の槍玉にあげられてきた。古くは黒田清輝の複数の裸体画の作品が論争を引き起こし、一九〇一年に彼の《裸体婦人像》は警察から圧力をかけられ、腰布を巻いて展示する妥協案が取られた。

このわいせつは現在でも刑法違反を根拠に検挙、逮捕が行われている。具体的には刑法第一七五条への違反だ。「わいせつな文書、図画、電磁的記録に係る記録媒体その他の物を頒布し、又は公然と陳列した」ことが罪とされる。

実はわいせつの法的な定義はなく、幾つかの裁判を経て定着した見解がある。「徒らに性欲を興奮又は刺戟せしめ且つ普通人の正常な性的差恥心を害し善良な性的道義観念に反するものと認められる」というものだ。ややわかりにくいが、整理すると「(1)性欲の興奮・刺激、(2)性的羞恥心の侵害、(3)善良な性的道義観念への違反の3点を要件」とするものが該当する（園田寿「わいせつ性は、裁判所でどのように判断されてきたのか」「Yahoo! ニュース」二〇一四年三月二七日）。

「性欲の興奮・刺激」とは実に曖昧な定義で、人によって興奮を感じるものはさまざまである。社会通念をもとに、本来起きるかどうかわからない心情を推測から断定することには恣意性がつきまとう。つまり、警察権力が濫用できる性格を持っている。

近年の有名なものでは、ろくでなし子事件がある。彼女が作品《まんボート》の制作費の援助を仰ぐべくクラウドファンディングのサイト「ＣＡＭＰＦＩＲＥ」で寄付を募り、三〇〇〇円以上の寄付者には自身の性器の３Ｄデータをダウンロード入手できることとした。これがわいせつ電磁的記録頒布容疑で二〇一四年七月に逮捕された。さらに一二月にも再逮捕された。こちらは時系列を遡り、彼女がエッセイストの北原みのりのアダルトショップでアルバイトしていた当時に女性器の石膏像を展示していたことがわいせつ物公然陳列容疑とされ、北原ともども逮捕された。

この3Dプリンタ用のデータについては、それまで拳銃のデータをめぐる逮捕例がわずかにあるものの、参照すべき事例はほとんどなかった。つまり有罪立証しがたい性格を持つため、石膏像という実体を証拠とした別件の再逮捕で有罪を狙ったとの見方がある。この再逮捕は、ろくでなし子が収監中の体験談を『週刊金曜日』にマンガ連載した挑戦的な態度に対する報復の意味もあるのではないか。

同年八月、愛知県美術館の「これからの写真」展で展示された鷹野隆大の写真作品が愛知県警生活安全部保安課（生活安全部の問題点は四一頁で指摘）から問題視された。作品に男性器が写っていることが「刑法に抵触する」と対処を求めたもので、匿名の通報を受けてのことだ。美術館側は指摘を容れる形で作家と協議し、撤去でなく問題箇所を覆う対応策を採った。小品一一点は半透明の紙をかぶせ、大型作品は胸より下を半透明の布で覆う形にした。「公権力の介入を隠すのではなく見える形にしたかった」とは作家の弁だ（「朝日新聞」二〇一四年九月一〇日夕刊）。

鷹野の作品は多様なセクシュアリティの問題を問う作品で知られる。ろくでなし子の主張も「女性器はわいせつなものではない」というものだ。両者の表現には、ありのままの生を見つめ、人びとに問いかける意図がある。逆に言えば、そうした表現だからこその狙い撃ちとも言える。定義の曖昧さを利用した警察による社会風俗の統制の意図が浮かびあがってくる。

これに対し、欧米ではおおむね自由を確保されている。たとえば写真家としては最大級の名声を博すロバート・メイプルソープには日本では決して展示できない「わいせつ」なものがあり、完全な紹介は法的にできない状態だ。

ただわいせつ問題でやっかいなのは、生の権利の主張と性の商品化の追求という、微妙に重なり合うふたつの志向が併存していることだ。性の商品化を否定する観点からは、女性やゲイへの差別や男女の裸の消費は規制が望ましいことになる。だが、ある表現が差別か否かはそれほど自明ではない。

政治の問題は、おおむね三つに大別できる。天皇制、米軍基地、朝鮮／韓国（日本軍「慰安婦」も含む）である。

まず天皇制では、大浦信行の版画連作〈遠近を抱えて〉（一九八二〜八五年）が有名だ。彼は本作一〇点を一九八六年に富山県立近代美術館での「'86富山の美術」展に出品。このうち四点購入、六点作家寄贈で同館に収蔵された。しかし昭和天皇の肖像をモチーフに使った本作は県議会議員から「不快感」を与える不敬なものと批判され、図録は県立図書館で公開禁止となった。収蔵作品は名前が非公開の個人に売却され、残った図録は焼却された。その後、同作は二〇〇九年の沖縄県立博物館・美術館で開催された巡回展「アトミックサンシャインの中へin沖縄」展において、牧野浩隆館長の独自判断で展示取りやめとなった。

ふたつめの米軍関係では、同じく沖縄県立博物館・美術館で起こっている。二〇〇九年開催の石川文洋展（コレクション展）において、牧野館長はベトナム戦争時の米兵の死体写真を「人間の尊厳や倫理にかかわる問題がある」と独自判断ではずした事件だ。

みっつめの朝鮮／韓国（日本軍「慰安婦」も含む）は徐々に増えている。二〇〇八年、李鍾祥（イ・ジョンサン）の独島絵画展が中止となった。独島とは、日本では主に竹島と呼ばれる、日韓の間の領土の係争地帯だ。李は東京で開催のアジアトップギャラリーホテルアートフェアに独島を主題とする絵画一〇点を出品予定だったが、主催者側から別の主題を求められた。右翼団体から脅迫電話がかかってきたからだという。李は「純粋な美術作品を政治問題とつなげて考えるとは、芸術界ではありえないこと」とコメントした（ウェブ『中央日報』二〇〇八年七月二一日）。

日本軍「慰安婦」（従軍慰安婦）に関わるものは幾つかある。写真家・安世鴻（アン・セホン）による朝鮮人の元日本軍「慰安婦」の写真だ。彼の個展が選考委員会の審査を経て、ニコン運営の新宿ニコンサロンで二〇一二年六月に開催が決まっていた。しかしニコン側が五月になって一方的に中止を通知。「個々の中身は言えないが、抗議の電話、メールがかなりあった」（瀬川牧子「右翼の誹謗中傷に屈したニコン」『週刊金曜日』二〇一二年六月八日）という。東京地裁に申立てを行ったことで安は予定通りに展覧会を行えたものの、同社大阪サロンでの展覧会はできなかった。

安を選んだ選考委員会は著名写真家や著名写真評論家で構成されるが、かれらは異議を唱えなかった。日本写真家協会（JPS）、日本広告写真家協会（APA）、日本写真家協会（PSJ）は抗議声明を出していない。唯一出したのは、日本ビジュアル・ジャーナリスト協会（JVJA）だという（新藤健一「地に堕ちた三菱グループ〝世界のニコン〟」『週刊金曜日』二〇一二年七月六日）。

次にNGは発生の経緯によってみっつにわけることができる。まず権力による弾圧である。赤瀬川原平の千円札事件がもっとも有名だろう。彼は一九六三年から六四年にかけて千円札の片面刷りを行い、模型と称した作品を制作。その片面刷りの模型をオブジェに梱包したり、天井からぶら下げる、あるいは壁面に固定などのかたちで展示がされた。彼は一九六七年に東京地裁で懲役三ヵ月、執行猶予一年の判決を受けた。

表面のみの千円札は貨幣として流通する機能を持たないが、裁判所は原告側の芸術との主張を退け、偽札の偽造者として有罪となった。つきつめれば、偽札として機能しないこの作品は社会秩序を壊乱、侮辱したと見なされたから有罪なのである。

ふたつめは、市民による圧力である。この事例に二〇一七年一一月に沖縄のうるま市のイチハナリアートプロジェクトでの岡本光博の作品に対するものがある。店舗のシャッターに描かれた米軍機の墜落がモチーフの《落米のおそれあり》に対し市が非公開としたが、伊計自治会の反対の意向があったからだ。自治会の会長は「基地問題には色々な意見があるが、作品は政治的な主張をアピールしている。多くの人を地域に呼び込もうという趣旨に合った作品がふさわしい」と述べている（「朝日新聞」二〇一七年一一月一七日）。

みっつめは、自粛である。これはさまざまな事情から起きている。二〇一一年の原爆を視る展（目黒区美術館）が東日本大震災により延期（予算繰りの悪化で最終的に中止）、二〇一二年一〇月の日中交流展「紙非紙２０１２」（東京藝術大学大学美術館）が日中関係の悪化から中止などがある。前者に関しては「放射線被害を含む原爆と事故のイメージが重なる今は、鑑賞してもらう内容ではない」（ウェブ「中国新聞」二〇一一年三月二四日）との理由だったが、結局日の目を見ることはなかった。

美術表現は多種多様な阻害要因を内包する、実に脆弱な基盤の上に立っていることがわかる。

◉──美術作家が語る、美術館の自由のいま

美術表現に対する自由の阻害の形態にはふたつの種類がある。公権力（警察や行政）による逮捕や威嚇という外部からの攻撃、そして展示施設からの検閲と規制という内部からの統制である。前者の数に対し、後者のほうが実際は多い。これは表沙汰になりにくいものであり、美術の制度に根ざした業界内部の構造的な問題が引き起こすものでもある。

世に日展や二科展などの公募展、団体展と呼ばれるものがある。プロの画家だけでなくセミプロ、アマチュアの画家も参加し、市民社会との接点が強い。美術館はこうした美術団体、サークルに有料か無料で展示貸しを行う。そのさい展示規則があり、それを口実とした検閲と規制が日常的に行われている。この場合、プロのみの作家による企画展よりも規制が多くかつ統制が厳しい。これが美術界のジャーナリズムなり批評なりで取り上げられることは少ない。

公募団体展は全国各地の公立美術館の企画展展示室以外の専用スペースを借りて実施される。東京では東京都美術館と国立新美術館が大きな発表場所となる。そうした場でのNGを紹介していこう。

東京都美術館では、まず二〇一二年八月開催の第18回JAALA（日本アジア・アフリカ・ラテンアメリカ美術家会議）国際交流展のNG例がある。キム・ソギョンの小型の彫刻、パク・ヨンビンの絵画が館の指示で撤去された。いずれも日本軍「慰安婦」が主題だ。特に前者はキム・ウンソンとの連名で発表されることが多い、「日本軍『慰安婦』の少女像」（《平和の少女像》）の作家。出品作は

第18回ＪＡＡＬＡ（日本アジア・アフリカ・ラテンアメリカ美術家会議）国際交流展で展示拒否された、キム・ソギョン（手前、＆キム・ウンソン）とパク・ヨンビンの作品。今日の反核反戦展2012（原爆の図丸木美術館、2012年）でようやく展示がかなった。（撮影／筆者）

そのミニチュア版だった。

作品に抗議の電話が来たというが、館の撤去要請は公募団体展の募集要項（使用規定）に対する抵触（の怖れ）が直接の理由だ。規定に「使用承認の取消」があり、そこに「特定の政党・宗教を支持し、またはこれに反対する等、政治・宗教活動をするもの」と記載されている。これは国分寺9条の会の例でも見た「政治色」の排除と同じ論理だ。筆者が東京都美術館に電話取材したところ、具体的に作品のどの箇所が使用規定に抵触したかは当事者間にのみ関わる問題で、第三者に開示できないと回答された。

二〇一四年二月には現代日本彫刻作家展に出品された中垣克久の《時代《とき》の肖像》にあったメッセージの一部が東京都美術館の指示で撤去を余儀なくされた。作品はかまくらのようなかたちで、大頂部には神道の注連縄、中にはアメリカの国旗。日本がアメリカの傀儡政権という批判の意味がある。側面部分には安倍政権の右傾化を批判する新聞記事と作家コメントが幾つも配置されている。

はがされたというコメントは以下の通り。

「憲法九条を守り、靖国神社参拝の愚を認め、現政権の右傾化を阻止して、もっと知的な思慮深い政治を求めよう。アメリカ寄りの外交の愚をもよく知ることだ。国民はもっと賢くならなくてはいけない。国民はもっと勉強しなければならない」。

小室明子副館長は最初に展覧会そのものの中止を通告してきたという。そこで押し問答が始まった。そのやり取りの中で中垣氏の作品が強硬姿勢の原因であり、特に先に引用のコメントが「直接的なメッセージにあたる」と問題視していることがわかった。そこで彼はマジックを渡し、副館長自ら消すこ

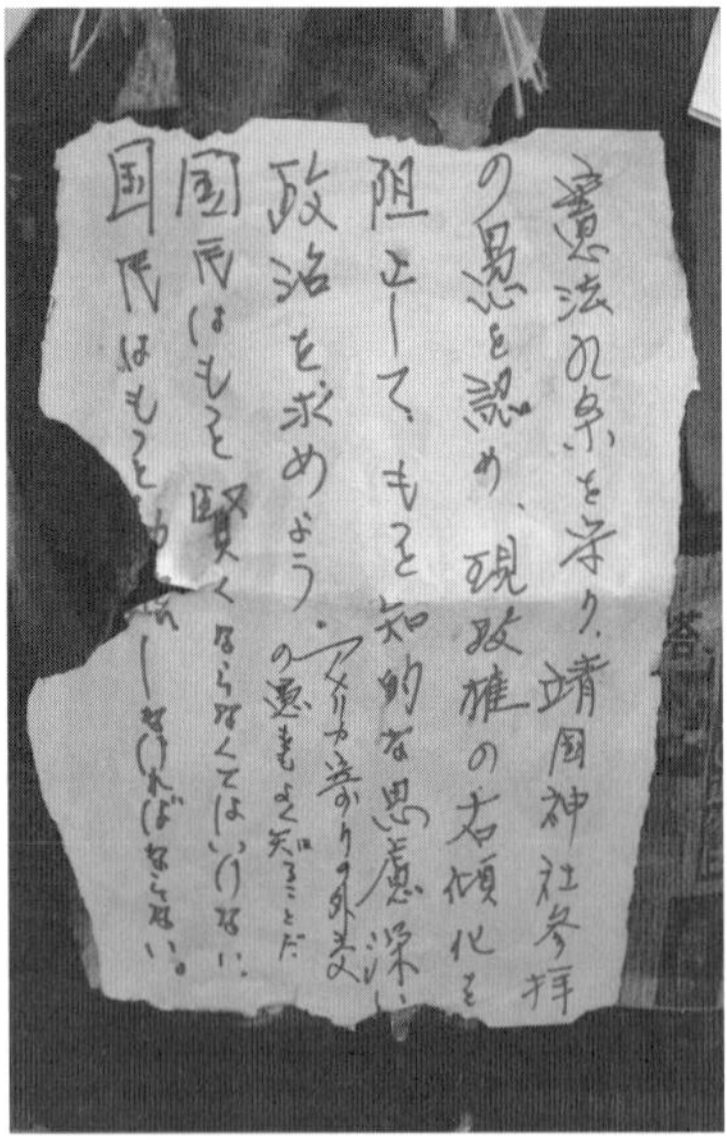

東京都美術館で検閲された、中垣克久の《時代の肖像》（現代日本彫刻作家展）と館から問題視された作者メッセージ。（撮影／筆者）

とを求めた。これにはさすがにたじろいだという。彼は周到にマスコミに本件を伝えてあり、記者たちが集まってくると館側は態度を軟化。メッセージのみはがすことに落ち着いたという。この経緯は筆者のものを含む既存の記事と異なるが、本書出版にあたり彼が初めて明かした真相だ。ほか特筆すべきは、会期中に美術館へ作家宛に暴力制裁を加えるという脅迫電話があったことだ。「表現の自由こそ大切。しかし、評論家など美術界からの反応もない。みな社会問題に触れたがらない。佐藤優のいう反知性主義です。僕の作品は本当に時代の肖像になっちゃった」（筆者インタビュー『週刊金曜日』二〇一四年三月二八日）。

国立新美術館はどうだろうか。こちらは日本アンデパンダン展の事務局に聞いてみた。同展は日本美術会が主催する誰でも応募できる無審査展だ。まず展示に関する折衝は、以前は館の職員が担当するところだったが、現在は外注の一般企業（物流関係）が業務として行っている。

「サポートセンターという名称ですが、かれらは必要以上に会場を見て回り、上から言われたことを忠実にやっていますよと姿勢をアピールし、問題がないかどうかチェックしています。館側としてはワンクッション入れ、自分たちのほうに直接苦情などが来ないようにしているんです」（稲井田勇二、アンデパンダン展事務局）。

この体制は現在では東京都美術館でも採用されているという。作品がインスタレーション（彫刻よりも空間全体を使った展示形式）の場合は、危険性や衛生（カビや虫の問題）上妥当か事前にチェックする体制を取っている。

展示のさいは政治的な表現がしばしば問題視されるという。二〇一三年の第六六回展のとある作品は、原発利権を告発した「談合三兄弟」の風刺図像に用いられた東電関係者の写真が肖像権の侵害、さらに都知事候補の宇都宮健児の選挙ポスター（選挙期間中ではない）が規則違反と問題視されたという。二〇一六年の第六九回の展示では、写真コラージュに用いられた新聞紙の「共産党」の文字、国会前のデモの風景の絵画などが槍玉にあげられた。

「作家は政治的な活動の意味で訴えているのかと聞くので、現実のスケッチではないかと答えました」。

団体側の強い反論もあり、撤去には至らなかった。むしろまったく性格が異なる「逸脱」に対して厳しいという。営業的な性格を持つ宣伝はすべて禁止。作家の個展の案内、経歴やホームページ情報の表示はNG。感想用のノートも禁止だ。二〇一五年から観客へのアンケートもできなくなった。アンデパンダン展では気に入った作品の横にシールを貼る「いいねシール」を三年ほど実施した。これは「そのシールを他の展覧会に貼ってしまったらどうするんですか」という理由からNGとなった。日本美術会のチラシも会員募集をうたってないものに関してのみ置くことが許されている。

ほかの例では、東京の五つの美術大学の卒業展、通称五美大展も国立新美術館で開催されるが、似た検閲事件をしばしば引き起こしている。二〇一四年は動物の剥製を用いた作品が展示拒否、二〇一五年は手榴弾を扱った作品が一部修正された。いずれも衛生管理の点からの問題とされた。二〇一八年は、四人ほどの作家がやり玉にあげられ、作品を一部修正された。その多くがゆるやかな形だが政治的主張を持つ作品だった。

本件に関し、美術評論家連盟（筆者も会員）は国立新美術館に疑義をただすため公開質問状を送った。こちらに対する国立新美術館の回答は「当該作品の展示を行わないよう指示したことはありません」という官僚的な答弁に終始するものだった（同年六月二八日付）。この事件を追及した代表的なものは筆者執筆の『週刊金曜日』の記事だが、その論点がまるごと否定されたことになる。

さて、こうした現状に見られるのは、展示側の徹底したリスク管理の思考である。館の職員でなく委託会社の社員が担うとき、より執拗で徹底した「問題の生じない安全志向」になるのは想像に難くない。外注は汚れ役も兼ねるのだろう。

だが、自身の個展ＤＭや経歴さえ掲示できない展示にどんな意味があるのか。観客との会話や交流が生まれるべくもない。美術から生を奪い、その死骸をシャーレに入れて陳列するようなものだ。

「こうした問題はより広く話し合っていく必要があると感じています。しかし、いまほとんどみな作家が個人で対応している状態なんです」。

実は美術界にはヒエラルキーがあり、特別年金などの特権を持つ日本芸術院の会員は公募団体系の作家が占め、その有力者は世俗の権力に近いところにいる。しかし業界内のプロの評価は現代美術のほうが高く、なにか問題があればこちらが優先的に支援を受け、話題となる。こうした差別的な扱いが、公募団体展系の作家や美術館の展示貸しを利用する一般作家たちに対する救済や支援の不足を生み出している。権利尊重の不平等さを美術館が助長する現状がある。

美術表現が公的な性格を持つなら、その機能を活かすのが展示施設の本来の役割である。だが美術館はしばしばこれを損なっている。ここ数年、美術館の公共性の機能が低下しているのである。

◉──学芸員が語る、美術館をめぐる自由の現状

では、具体的に美術館はどのような運営の問題に直面しているのだろうか。幾人かの専門家に尋ねてみた。まずは栃木県立美術館の学芸課長（当時）、小勝禮子氏から。

「これまでクレームがあった例に、二〇〇九年の『中国現代美術との出会い』展があります。政治的というより単にヌードが出ていたものですね。たとえば、榮榮&映里（ロンロン&インリ）の雪山の中で小さく見えるヌードの男女がセックスをしているように見える作品《中国玉龍雪山》。宋永平（ソン・ヨンピン）の《私の両親》には醜い老人のヌードを見せられたとのクレームでした。作家の両親に対する愛情あふれる写真だと高く評価されているものなのですが」。

中国の現代美術は、言論統制が厳しい中で急激に発展した。そこでは「裸」が「解放」につながる特別の意味を持って多用された時期がある。本展は「日中当代芸術にみる21世紀的未来」の副題を持ち、日本の現代作家も併せて展示された。先に紹介の鷹野隆大の作品も「子どもに男性ヌードを見せるのか」と非難をされた。本作は男性器の部分にスリットが入るかたちで隠蔽されているが、逆になぜそんなスリットを入れるのかというクレームもあったそうだから、世の人の意見というものはわからない。

「クレームのあった作品は展示からはずしたらと館長から学芸のほうに言ってきて、それではまるで東京都現代美術館の例のようですが、クレームがあったからといってはずすような作品ではないので、作品意図を明らかにする説明を掲示することで展示を続行しました」。

予想だにしないクレームも寄せられる中で、学芸員はときに過剰とも思える配慮を強いられる。たとえば、昨今では日本の戦争と植民地に関わる史実に対してはデリケートな表現がなされる。

「戦後70年：もうひとつの１９４０年代美術」展（二〇一五年）では、日本軍に従軍して日本の画家が描いた絵画も展示された。たとえば、一九三八年の南京大虐殺（事件は一九三七年）後の市街の様子を描いたものもあり、そこに生々しい弾痕の跡も窺える。しかし「南京攻略」という軍事作戦の説明があるが、市民に対する殺害の記述はない。

「解説パネルで虐殺事件を説明していないのは自主規制と言われるかもしれませんが、ストレートな表現は避けました。淡々と歴史を追うやり方にして、展示も図録と同じ編年順にしています。ネット右翼のような人からの攻撃があって図録が発行禁止になるのは避けたかった。図録は公立の美術館の出版物ですから、個人の著作ではないので」。

小勝氏は東京都現代美術館のことを述べているが、これは二〇一五年七月に同館開催の「おとなもこどもも考える」展で会田一家（会田誠、岡田裕子、会田寅次郎）の出品作が撤去指示された件を指す。問題視されたのはまず《檄文》（会田家名義）で、「文部科学省に物申す」と学校教育への批判が書かれている。もうひとつは《国際会議で演説をする日本の総理大臣と名乗る男のビデオ》（会田誠名義）で、安倍首相の保守主義をやんわり揶揄したものだ。両作品につき、東京都生活文化局の担当者は「会田さんの展示全体として小さい子どもにはどうなのかという声が美術館側と都側から上がり、展示内容の見直しを要請した」という（ウェブ「朝日新聞」二〇一五年七月二五日）。

しかし会田はいち早く検閲をツイッターで知らせ、広く市民とメディアの知るところとなった。人知れず圧力をかけて展示を修正することができなくなり、最終的には変更なしで展示を全うした。同館の二〇一六年三月の「MOTアニュアル2016 キセイノセイキ」展では、小泉明郎は天皇制が主題の作品出品を予定していたが館側との交渉の末、「自己検閲」による撤回をしたいきさつもある。

会田誠は権威を揶揄、嘲弄する表現で知られている。彼を起用した時点で、プロならリスクの大きさを了解していたはずだ。そのリスクを折り込みながら、企画者は作家とのキャッチボールで着地点に降り立たなければならない。現場の統括管理、作家とのコミュニケーションとマネジメントが明らかに稚拙だったと言える。それは「キセイノセイキ」展も同じで、主題や話題ありきの企画姿勢が窺える。

ここで幾つか美術館の展覧会の企画運営の手順を見ていこう。まず宇都宮美術館の例から。ここは宇都宮市が設立した公益財団法人うつのみや文化創造財団が委託され運営している。館長（当時）の谷新氏によると、自主企画だと長いもので三～四年かかるものもあり、問題となる表現や記述などは学芸部内で充分検討される。財団の経営会議や市役所への説明などで内容については吟味されるが、提出資料は最初から図版入りの詳細なものではない。これは自主企画の場合だが、他館からの巡回展も含め、展覧会はすべて財団の理事会、評議員会を経て決定される。その段階に至るまで十分な検討がされているので、覆ることは基本的にないという。

栃木県立美術館の例では、小勝禮子氏によると図録などは学芸の担当者ベースでチェックが行われ、専門職でない行政職の館長と副館長のチェックは、主催者挨拶文以外の専門的な解説についてはない。同僚同士の読み合わせもない。ただし、新しい美術館ほどチェックシステムは厳しく、共同企画展では巡回する他館の館内決裁を必要としたという。

神奈川県立近代美術館の場合は、館長（二〇一八年六月時点）の水沢勉氏によると展覧会が予算化されるとき基本的な説明は行うが、図版などを付した学術的に詳細なものではないという。だがたとえば同館の「日韓近代美術家のまなざし」展（二〇一五年四月）では、準備に五年もかけ、用字用語や表現に関しては外部アドバイザーも起用し、巡回展のため複数の美術館の担当者全員が目を通して言語表現を統一した。本展では、朝鮮半島でなく韓半島という表記で統一されているが、それも共同のワークプロジェクトから導き出されたものだ。

こうした業務手順でわかるのは、展示内容を事前に事細かに（担当スタッフ以外の）外部に相談はしないことだ。それは業務に高度な専門性があるからで、美術館は高度な自律性を持っていることになる。

「学芸なり美術館は、問題があるから取り下げたい、そんなマイナスイメージでは捉えないのではないか。むしろそういう表現もあえて展示して、価値判断を観客に持ってほしい。美術館は材料を提供するのが役割。大浦信行氏の昭和天皇の肖像をモチーフにした作品も企画に応募された以上、展示するのが美術館としては正しいです」（谷氏）。

宇都宮美術館、神奈川県立近代美術館ともに両館長の判断での自己規制はこれまでになかったという。特に神奈川県立近代美術館は、日本最初の近代美術館として一九五一年に誕生した。当時日本の現代美術は草創期で作家たちが集まる場も少なく、作家と学芸員の密接な関係から作品と展示は生まれたという。

「公立の美術館は役所という組織の中にありますから、アーティストにフリーハンドでやってくれでは成立しません。しかし作家とは展示にさいして全面的な信頼関係を形成することを大前提にしています。コンセンサスをつくりながら進めていき、もし常識に照らして過激なことを表現したいというならばただの話題づくりにならずにみんなにきちんと後代まで受けとめてもらえるようにしていきます」（水沢氏）。

ここで海外に視点を広げてみよう。欧米などの開発国でも検閲事例は少なくない。美術の国際化の進展による異なる価値観との接触、人権意識の徹底化が生んだ対立が背景にある。もっとも有名な例は、一九九九年のニューヨークのブルックリン美術館での巡回展「センセーション」展に出品されたクリス・オフィリの《聖処女マリア》だろう。絵画の素材に用いた糞を当時のジュリアーニ市長が「反カトリックだ」と問題視して助成金をカットした。作家はナイジェリア系イギリス人で、糞は自身のルーツの文化圏の宗教儀式の参照でもある。ここには文化慣習の違いだけでなく、植民地主義に対する政治的批評性も含まれているだろう。もっとも先の展覧会は広告代理店出身でセンセーショナリズムを信条とするギャラリスト、チャールズ・サーチの企画によるものだ。つまり、煽情的な商業主義もまた事件の背景にある。美術表現もまた社会現象の一部であり、経済至上主義のような時流の大きな影響下にある。

「今は作家にしても美術館の価値判断に迎合してしまっているようにも感じられます。美術館も作家も自己規制が過ぎる。美術館は少し逸脱した作家とか表現を取り入れていながらも、表現そのものは意外と天井の高さが見えるようで面白みにやや欠ける。観客の数は少なくても、何か新しい感動を与え、創造性や制作の意義を高めるようなものであれば、むしろそれはないがしろにできない」（谷氏）。

「たとえば一九五〇年代、丸木俊・位里夫妻の〈原爆の図〉連作が全国を巡回したとき、百万人以上の多くの市民がその絵を見に公民館などの展示会場に集まり、様々な政治的立場からの色々な議論があったと思うのです。ここから市民社会を形成していこうという機運がその背景に大きく盛りあがっていました。でもいまは資本主義の消費の世界で、美術はあまりにもお金の論理と結びつきすぎて動いている。まったく初々しくないですよね」（水沢氏）。

大きな時代の流れ、経済や政治の変動がもたらす社会要因もまた頻発するＮＧの背景にある。原理原則の面から言論表現の自由を論じるだけでなく、現状が抱える矛盾の事例からいかに打開策を探ることも必要だろう。

真実を歪める、二次情報のありよう

バグダッシュ「世の中に飛びかっている情報ってものには必ず『ベクトル』がかかっているんだ。つまり、誘導しようとしていたり願望が含まれていたり、その情報の発信者の利益を図る方向性が付加されている。それを差し引いてみれば、より本当の事実関係に近いものが見えてくる」。

（『銀河英雄伝説』第39話）

言論表現は情報と言い替えることができる。しかし、作品は情報そのものではない。作品は開示、流通を経て初めて情報たりうる。その過程でさまざまなものが付加され、ときに本体の作品を損なうこともある。問題は撤去や禁止、さらに改変や修正だけではない。

作品に付随する情報が事実だとしても、それが作品の意図や生まれた背景を正確に伝えている真実とは限らない。たとえば同じ日本人作家の展覧会を海外で見比べてみたとき、海外のほうがより生々しく表現の核に迫っていると感じることがある。日本では政治的意図を持った美術表現のメッセージは希釈されて提示されることが多く、それが説得力や迫力の差となってあらわれる。海外ではむしろ政治性の切り口から照明を当てるのが最近の傾向だ。

これは展示における作品の選定と展示構成、紹介文の総体である情報が与える印象の差だ。このいわば「穏当化」というNGは苦情への防衛措置かもしれないし、また政治的なものに触れたくない意識からかもしれない。しかし作家の創作意図から乖離したものが横行するなら、史実そのものが社会のなかで共有されなくなる。美術史以外の文脈から歴史を読み解き併せて紹介していくのも啓蒙（社会教育）のあるべき姿だろう。

ここで問題なのは、美術史に詳しい研究者たちは実際の史実を共有していながらも公的な場、一般人にその事実を伝えない（発信しない）ことである。真実は専門家が特権的に占有するものとなっている。

展示説明文の記述内容もそうだが、用語表記も大きな問題をはらんでいる。その例に歴史用語としての朝鮮と韓国がある。

歴史的に朝鮮、地理的に朝鮮半島と呼ばれる（た）場所は韓国という言葉に置き換えられつつある。朝鮮半島の地図を見てみれば、韓国は南半分を領有しているに過ぎず、北半分は朝鮮民主主義人民共和国（通称北朝鮮）が占める。韓国の人は韓国人、韓半島と自称するが、北朝鮮の人は朝鮮人、朝鮮半島と自称する。そして日本では長らく朝鮮人、朝鮮半島と呼んできた歴史があり、日本列島には両国の国籍（市民権）を持つ人々がいる。韓国式の呼称への統一は、北朝鮮に代表されるものを無視ないし、ないものとする視点が含まれている。かつて双方の折衷案であったコリア、コリアンなる言葉は使われなくなりつつある。

この問題に対し、美術館展示はおおむね日本社会の大勢に沿いつつある。おおざっぱに表記の変遷を見ていこう。「東アジア／絵画の近代」展（一九九九年）では、双方の立場（論者の所属する国籍など）を尊重し、朝鮮と韓国の併記。「アジアのキュビスム」展（二〇〇五年）では、歴史・地理用語の朝鮮半島はそのままだが、その地域の代表性を韓国の表記に持たせている。「近代の東アジアイメージ」（二〇〇九年）では歴史・地理用語に準じた表記。権鎮圭展（二〇〇九年）、「日本民藝館所蔵 朝鮮陶磁」展（二〇一〇年）、「越境する日本人」展（二〇一二年）もこれに準じる。

変化が見られるのは二〇一四年。「官展に見る近代美術」展（二〇一四年）では、歴史・地理用語の朝鮮は用いられているが、冒頭に韓国［旧朝鮮］と表記されているように、韓国に代表性を持たせている。先に触れた「日韓近代美術家のまなざし」展（二〇一五年）では、韓国と韓半島を基本とし、意味が通らないときは「　」を付けて、別の呼称を用いている。「戦後70年：もうひとつの

1940年代美術」展（二〇一五年）では、歴史・地理用語に準じた表記が取られている。よく「韓国の近代美術」という形容が使われるが、朝鮮半島の近代美術は韓国の専有物ではあり得ない。このバイアスのかかった視点からは、美術活動の全体を考察する思考なり研究は生まれてはこない。一般人の立ち入ることのできない専門性が偏った価値観のもとで営まれることの危うさだ。

ただ問題が複雑なのは、意識の高さの現われであろう歴史や社会的な企画・表現こそが日本社会の壁に直面し、穏当化を強いられがちな点だ。構造的な解決が求められる理由である。

さて、美術に限らず、作品の付帯情報は表現意図から大きくはずれることは許されないのは言うまでもない。これは学芸員や編集者、プロデューサーの努力目標ではなく、実は法的な義務の範疇だ。

「著作同一権というものがあります。作家が本を書いたときに無茶苦茶な表紙を出版社が付け、これに著者がダメだと言ったら出版はできません。この著作権は基本的に作家と研究者も同じ扱いで、論文での引用で必ず出所は明記しないといけません。アートと研究でも大きな違いはありません」。

サウンドスケープ研究者の永幡幸司氏はこう語る。彼もまた作品情報に関し、権利侵害を蒙ったことがある。それは学芸員の手による文章ではなく、彼自身の文章が改ざんされたことがあるのだ。

事件は二〇一三年の千葉県立中央博物館での「音の風景」展で起こった。本展に永幡氏は福島の音風景にスチル映像を添えた作品〈福島サウンドスケープ〉を出品した。そのさい、彼の執筆した説明文が改竄された。作家による勤務先の大学の除染作業対応への批判で、ほぼ責任追及が曖昧にぼかされた。以下がその該当箇所だ。

（検閲前）「原発事故後2週間程で学長が安全宣言を発表したことが象徴するように、執行部が問題を軽視してきたきらいがあり、若者が集まる場にしては、除染作業が後手に回ったきらいがあることは否めません」
（検閲後）「原発事故以降、各地で土壌などに堆積した放射性物質の除去が課題となりましたが、福島大学では、大学構内という若者（影響を受けやすいとされる）が集まる場にしては、除染作業が後手に回ったきらいがあることは否めません」

筆者が博物館に質問したところ、「館の総意」により「特定の者に対する批判と受け取られる可能性のある表現が「公正を期さなければならない」公立博物館としてふさわしくなく、削除を決めたとの館長の回答を得た。

本展は、主催の千葉県立中央博物館と共催の日本サウンドスケープ協会による共同実施企画になる。館からの削除要請に対し、文を修正したのは協会の20周年記念展実行委員会が行った。本件で協会は永幡氏に対し、博物館からの削除打診は共同開催者としての交渉の一環で検閲には当たらない。また、説明文は実行委員会制作のためその著作権は永幡氏個人にはない、としている。これは明らかな著作権の侵害だ。

日本でサウンドスケープというと単に音響デザインに等しい意味合いで使われる。しかし創始者のR・マリー・シェーファーは平和運動にも取り組み、産業文明への批判を込めて音環境を論じている。美術もそうだが、サウンドスケープ研究もまた日本社会に輸入したさいのローカライズで曖昧な骨抜きがされがちだ。

　永幡氏の作品は音風景の点から福島の現状を伝える。音は全方位の情報を拾い、カメラなら意図的に写さない、隠されたことごとを拾いあげる。除染作業がどの地域でどのような優先順位で行われているのか、花見のない時分のどの野山の人気が少なくなってしまうのか。それはシェーファーの批評性を受け継ぐ作品に感じる。そして、作品は地域ドキュメントの性格を持つ以上その背景情報は理解に不可欠だ。

「僕自身にとってあれをどう説明するかはきわめてポリティカルな問題で、そこを崩されるとあの作品そのものがなくなってしまう。サウンドスケープは、誰の視点かがとても問われます。日本人一般なのか、福島市民の話なのか。主語を強調することが大事なのに、むしろ逆に主語が誰なのかを消す作業があの件で行われてしまったんです」。

　美術展の説明と表記の不明瞭さは、言論表現の自由が単に公開を勝ち取ればいいわけではないことを示す。「真実」をあやまたず伝える言葉もまた許容しなければいけない。それは議論が社会のなかに必要なことにつながるが、それ以前に国や自治体、そして市民が「声」を封じてしまう「空気」が根強く広がっている。

第4章　マスメディアでいかに自由が蝕まれているか

◉──「公平性」が強いる報道の自由の危機

美術作品という情報はときに穏当化されるが、世にあふれるその他の情報にも同じことが起こっている。テレビ、ラジオ、新聞、雑誌のメディア世界では真実が覆い隠されつつある。この穏当化もNGの大きなあらわれ方だ。

最初に政治に関わる報道から、この真実が覆い隠される状況を見ていこう。この点に関しては、まず長期政権を更新し続けている安倍政権に負うところが大きい。

安倍政権は好意的なメディアへの徹底的な優遇を行ってきている。それまでの政権に比べ、彼は正式の記者会見でなく単独インタビューを好む。『安倍政治と言論統制』（『週刊金曜日』編、金曜日）が二〇一五年の取材リストをまとめている。これを見ると、テレビなら日本テレビとフジテレビとNHK、新聞は産経新聞と読売新聞、雑誌は『正論』と『W·iLL』と保守系・右翼系メディアの比重が極端に多い。彼はメッセージを直接伝えることを重視するが、ジャーナリズムや公論の俎上に自らが上ることは嫌う。この親近感の醸成は支持率の高さに結びつくのだが、公平な公開性には欠けている。

一方、自らに批判的なメディア、あるいはジャーナリストには圧力をかける。その手法は法の恣意的な解釈による威嚇である。たとえば電波法の違反を口実とする。

ラジオでもテレビでも放送局は電波法にもとづいて許認可される。これは電波発振という技術上の問題の調整に関わるものでしかない。放送番組は放送法によって規律を受けるが、これは自己改善を念頭に置いた倫理規範（倫理規定）で、番組内容や関係者の行動を規制する法規範（実行規定）ではない。簡単に言えば、努力目標の意味合いを持つ。「放送番組の編集」を定めた第四条にこう書かれている。

「一 公安及び善良な風俗を害しないこと。二 政治的に公平であること。三 報道は事実をまげないですること。四 意見が対立している問題については、できるだけ多くの角度から論点を明らかにすること」。

安倍政権はこの部分を盾に取り、威嚇を度々行ってきた。放送法への違反から電波法で与えられた認可を取り上げるという論旨の立て方はいかにも乱暴だ。しかし、放送を続けたい放送局は萎縮せざるを得ない図式がある。

安倍政権の民放を中心とした放送局への干渉は、二〇一四年一一月の衆議院選挙前、安倍晋三首相がＴＢＳの報道番組に出演したことに遡る。ここで流された街頭インタビューが社会的事実を反映していないと番組中苦言を呈した。これを受け、自民党は東京の放送局各社に文書を手渡した。そこには「公平中立、公正な報道」を求める旨が書かれていた。その六日後にはテレビ朝日が直接狙い撃ちされ、報道番組の経済政策の説明が不適当だったとし、放送法の規定を持ち出しての「公平中立な番組作成に取り組む」よう要請する文書を送った。こちらは法に抵触することを匂わせる恫喝の色彩が濃い。

ただし、それまでは法違反の判断は放送局の番組全体を判断基準とするとしてきた。放送法と電波法の双方は総務省の管轄だ。しかし二〇一六年二月九日、高市早苗総務相は衆院予算委員会で「政治的公平」判断基準をたったひとつの番組の背反で電波停止を命じる可能性を示唆した。「『1回の番組で電波停止はありえない』としながらも、『私が総務相のときに電波を停止することはないが、将来にわたって罰則規定を一切適用しないことまでは担保できない』と述べた」（ウェブ「毎日新聞」二〇一六年二月九日）。この発言は個々の放送番組を狙い撃ちし、統制への道を開くものだ。

総務省は二〇一六年二月一二日に政府の統一見解を公表。「政治的公平」を損なう例として選挙期間中の特定候補に多く時間を割いて報道すること、国論を二分するような政治課題を一方の側からのみ報道することをあげている（山田健太『放送法と権力』田畑書店）。この文書には免許停止について述べていないが、先の発言を暗に補う意味合いがあるだろう。

高市総務相の発言は大きな波紋を呼んだ。まず抗議の記者会見がジャーナリストらによって行われた。ここではテレビ報道の現場萎縮のありさまも報告されている。あるディレクターはこう述懐する。「『中立公平』でいようと心を砕きますが、さりげなく政権側の主張をプラスされて書き換えられます。『中立』の基準が少しずつずれているように感じます。自由に意見が言えない雰囲気が充満していきます」（ウェブ「毎日新聞」二〇一六年三月七日）。

こうした揺さぶりは功を奏し始め、テレビメディアの批判力は急速に落ち始めている。たとえば、公共放送のNHKは最たるものだ。二〇一四年に就任した籾井勝人会長の「政府が右と言うことを左と言うわけにはいかない」との発言は有名だ。彼の就任後、局の体制は急速に変質した。二〇一六年の春には、数少ない政権に批判的なテレビ番組のキャスター三人が降板した。テレビ朝日系『報道ステーション』の古舘伊知郎、TBS系『NEWS23』の岸井成格、さらにNHK『クローズアップ現代』の国谷裕子らである。

新聞への攻撃も目につく。自民党の若手議員で構成される文化芸術懇話会でNHKの経営委員でもあった百田尚樹が招かれ講演を行った。時局に話題がおよび、「沖縄の二つの新聞はつぶさないといけない。あってはいけないことだが、沖縄のどこかの島が中国に取られれば目を覚ますはずだ」と発言した。ほか「マスコミをこらしめるには広告料収入をなくせばいい。文化人が経団連に働き掛けてほしい」などの議員の発言もあった（ウェブ「琉球新報」二〇一五年六月二六日）。

政権筋に近いジャーナリストの櫻井よしこのマスコミ攻撃にも注目したい。「朝日新聞」の慰安婦報道での「誤報」とされる件に関し、二〇一四年八月一五日に彼女は自民党議員連盟の会合で厳しく批判し、「朝日はまず1つ2つやるべきことをやった上で、廃刊にすべきだと考えている」と述べた。「こんなメディアはメディアではない。プロパガンダ新聞というものだ」（「ZAKZAK」二〇一四年八月一六日）。

報道機関は事実の報道のみならず、為政者の批判という監視の役割を持っている。一義的に情報の伝達の任だけでなく情報の批評も課せられていることを意味する。これがメディアが持つ公共性の意味であり、情報発信そのものだけでは公共性とは言えない。

もうひとつの特長として、市民団体による率先した動きもある。図書館に蔵書の不当性を訴えた新しい歴史教科書をつくる会と同じ動きがここにある。たとえば、放送法遵守を求める視聴者の会は全面広告を二回にわたって全国紙に掲載した。内容はこうだ。

「視聴者の目は、ごまかせない」「ストップ〝テレビの全体主義〟」「放送法第四条が守られ〝知る権利が保証されなければ、表現の自由や、民主主義は成り立ちません」（「読売新聞」二〇一六年二月一三日）。

ここでは、秘密保護法案と安保法制に関する各テレビ局の報道につき、賛成と反対の立場の量的配分を問題視されている。会には作曲家のすぎやまこういちや小説家の渡部昇一が呼びかけ人として名を連ねる。いずれも保守色が強く、政権に近いと目される人物だ。こうした「在野」の知識人が政府にいわば翼賛し、言論機関を攻撃する。

ここで提起された「量的配分」は、第2章の調布九条の会の「後援不承認」で理由とされた「中立」と似た意味合いがある。この動きに放送倫理の監視機関であるＢＰＯ（放送倫理・番組向上機構）は一貫して反対を述べてきた。意見書『２０１６年の選挙をめぐるテレビ放送についての意見』は、量的公平性（形式的公平性）でなく質的公平性（実質的公平性）の重要性を主張している。

「国民の判断材料となる重要な事実を知りながら、ある候補者や政党に関しては不利になりそうな事実を報道しない、あるいは政策上の問題点に触れない、逆にある候補者や政党に関してのみ過剰に伝えるなどという姿勢は、公平であるとは言い難い」。

ここには数的な物差しでは測りきれない質的な評価が提起されている。「質的配分」をどう考えるかこそ、言論表現の自由の問題の要である。これは議論という言論を「見えざる手」に委ねる、つまり成り行きに任せるのではなく、ある理想形の秩序に沿うよう調整する、介入することにつながる。

外の視点が批判する日本の言論姿勢

報道の自由とは報道機関にとっての自由であり、一方の視点に立った言い方である。これに対し、言論の自由とは社会全体を俯瞰しての言い方になる。この落差はしばしば見落とされ、報道機関は無謬の存在とされてしまうことすらある。ここに日本の言論状況を外からの視点から分析する必要が出てくる。

先のテレビキャスター三氏の番組降板の直後、「意見及び表現の自由」の調査を担当する国連特別報告者のディビッド・ケイが来日。政府機関、ジャーナリスト、弁護士らと会談、日本の報道事情の調査を行った。彼は「高いレベルの自己検閲を生み出している」との重大な問題が存在していることを指摘した。

「多くのジャーナリストが、自身の生活を守るために匿名を条件に私との面会に応じてくれましたが、国民的関心事の扱いの微妙な部分を避けなければならない圧力の存在を浮かび上がらせました。彼らの多くが、有力政治家からの間接的な圧力によって、仕事から外され、沈黙を強いられたと訴えています」（『日本：国連の人権専門家、報道の独立性に対する重大な脅威を警告』国際連合広報センター）。ケイは圧力の存在を報告しながらも、「自己検閲」との言葉を用いている。それは記者クラブのような排他的な制度が健全なジャーナリズムの発展を阻害しているという指摘につながる。つまりこの危機は外因だけでなく、内因でもある。

日本のメディアの報道は実に不思議だ。電力会社が活断層の存在について触れるまでは、メディアは島根原発の安全性を疑う記事をちっとも書こうとしなかった。……自らが疑問を抱き、問題を掘り起こすことはなく、何かしらの『お墨付き』が出たところで報じる。これでは「発表ジャーナリズム」と言われても仕方がないと思う。（マーティン・ファクラー『「本当のこと」を伝えない日本の新聞』双葉社）。

ニューヨーク・タイムズ東京支局長の疑問だ。記者クラブというものがある。これは排他的な組織で海外やフリーのジャーナリストが入れず、政府からの情報を入手し、質問する権利は狭められている。情報の発信経路の限定は政府の側に都合がいいし、記者たちにとっても独占でき都合がいい。いわばゆるい共犯関係にある。

独立メディアのアイ・アジアは国連総会に出席し、現地で記者会見を行った安倍首相への対応に対し、日本の記者と海外（地元）の記者の違いをレポートしている（「米記者から『出来レース』批判された安倍首相国連会見」「アイ・アジア」二〇一五年一〇月五日）。

ロイター通信の記者は「あなたはシリア難民問題で支持を表明したが、なぜ難民を受け入れないのか？」と問いかけた。この質問に安倍首相の顔がこわばり、日本人記者がざわめきたったという。日本の慣習で質問者と質問内容があらかじめ決められていたにも関わらず、ロイター記者が「予定外」の質問を行ったからだという。「質問事項をあらかじめ提出しろということですから驚きました。そんなことは、アメリカでは記者倫理に違反する行為です」とは彼の地の雑誌記者の弁だ。

筆者の体験を記そう。美術関係の記者会見によく出席するが、プレス（記者や編集、ライターの総称）から出される質問が実に少ないことにいつも疑問を抱く。まして、相手が答えたがらない質問をするものはごく少数だ。この事なかれ主義は、記者クラブとか特定の制度というより日本の文化慣習に根ざすものだろう。

先のファクラーは原発に関わる問題を指摘している。東日本大震災をめぐって報道の自粛、事なかれ主義がしばしば批判された。「朝日新聞」は二〇一一年一〇月一五日の紙面で当時の報道の自己検証を行った。対応への厳しい批判があったが、これは海外メディアの報道の紹介とフリージャーナリスト、鎌田慧によるものだ。「外部」の言葉を借りての自己批判だろう。「読売新聞」も同じ誌面企画を行い、こちらのほうがすぐれていた。しかし「記者側の理解が不十分だったため、その場しのぎの政府の説明を突き崩せなかったという教訓が残った」（「読売新聞」二〇一二年三月五日）は、一流新聞の総括としてはふがいなさもある。

つまり問題は政府機関からの圧力だけではない。言論機関のほうにも自主自立の批判精神、勇気に欠ける点がある。この現状の肯定は、あたかも問題がないものとして日本社会を映し出すことになる。情報だけでなく、情報の流通する経路、状態もまた懐疑をもって吟味する必要が出てくる。

●──メディア文化を毀損する「配慮」の実態

時事報道はその職責を全うするなら、時の権力と対峙する宿命を持っている。しかし、小説やマンガの出版物、テレビの娯楽番組はそうした報道のあり方とは距離がある。この領域においても自由が阻害されるケースが増えてきている。

私たちの社会はこうした生活文化にかつてないほど密接な関係を持っている。豊富な語彙と刺激的なビジュアルは物語性によってつながれることで世界観を形成し、ひとつの現実を形成している。私たちの生活の場はこのもうひとつの世界と接するわけだが、そこから流れ込んでくる情報はかつてのような耳障りの悪い、こなれない、奇妙なもの、いわゆる異物は減りつつある。空気というものは遮断すれば、内側に入ってこない。地域社会の平坦さを強いる「空気」はたしかに家の中に閉じこもれば入っては来ない。しかし、日常生活に密接したメディア世界は閉め出すことは難しい。そこに見られる語彙や着想の平坦化は私たちを徐々に蝕んでいる。

政治のNGはここでも見受けられる。マンガではこれに幾つかの例がある。まず『週刊ビッグコミックスピリッツ』（小学館）連載の『クリームソーダシティ』について。これはシュールなタッチの若者群像で、政治家のテロ暗殺なども描かれた。こちらは二〇一四年に急遽連載中止となり、作者の長尾謙一郎は「ある〝権力からの勧告〟を受け」とその打ち切り経緯を告白している。「いろいろなクレームが、読者から来るみたい。だから問題がありそうなことは避けようと自主規制が激しくなる。それでどんどん業界が小さくなっている感覚がある」と業界事情を語る（「神奈川新聞」二〇一五年八月一〇日）。

『週刊モーニング』（講談社）連載の池田勇人を主人公にした実録風マンガ『疾風の勇人』（大和田秀樹）も二〇一七年に突如連載終了になった。安倍首相の祖父・岸信介も登場することから、政権筋からの圧力かと話題となった。「J-CASTニュース」（二〇一七年五月三〇日）の記事によると前年の二〇一六年から連載終了（中断）の時期が決まっていたとの編集部の談話があるが、終了告知は前の週と急で、多くのものは不自然さを感じるだろう。

出版物の規制は出版発行だけに対してではない。いくら書籍が発行されようとも、流通過程から閉め出されては存在の否定と同じになる。二〇一五年にはMARUZEN&ジュンク堂書店渋谷店では、書店員が企画したブックフェアがネット上で批判され、見直しを余儀なくされた。これは「自由と民主主義のための必読書50」と題され、安保法案に反対する若者の行動団体SEALDsや社会学者・小熊英二の本が選定されていた。書店員の個人的なツイッターの「夏の参院選まではうちも闘うと決めました」が偏向だと批判が強く寄せられたことによる（ウェブ「朝日新聞」二〇一五年一〇月二三日)。

CMにもこうした例はある。二〇一四年七月、沖縄明治乳業の新商品のCMが打ち切りにあった。CMに起用した芸人ニッキーが参加する演芸集団FECの演目で天皇家を揶揄したものがあったことに対する苦情が同社および母体の明治に多く寄せられたからだという(ウェブ「八重山日報」二〇一四年七月二五日)。

CMは表現というより販促が目的の情報発信であり、消費者の心証が最優先であるからその内容規制は厳しいものがある。これまでにも自主的な打ち切りなどの自粛例は多い。しかし、CM外の活動が問題視されるのは異常なことだ。表現内容というメッセージでなく、出演者のプロフィールに関わるような批判がまかり通るなら、差別を生み出す。それはマスコミの衰退を招くだろう。

書店の意向で品揃えに特定の政治色が出るのは左右問わず本来よくあることだ。クレームには図書館の良書主義と似たものが見られる。言論の批判でなく、その存在を閉め出すことは社会から多様性を失わせる。私たちの暮らす環境はこうした見えないところでなにかを隠蔽するよう作りあげられてしまっている。

出版流通とCMの事例に共通するのは、批判が市民から寄せられた点にある。マスコミに反省を求める広告を打った放送法遵守を求める視聴者の会、さらに『はだしのゲン』の図書を攻撃したのは確かに市民団体で、自民党とかなり近い存在だ。だが、世の主流から逸脱する言論を許容しない社会の空気も存在する。この空気は私たちの用いる言葉を選定し、見識を統制するように働きかける。この仕組みが創造と発信の過程に入り込んでいる。

このメディアの大多数を占める娯楽や啓蒙、広告のような雑多な表現の自由を阻害する現象を雑観するとき、政治報道と異なる点を見出すことができる。それは弱者の視点を口実にした掣肘である。

この問題の複雑な点は、実際に差別されている弱者を守るためのもの、そしてそれを口実に言論表現を平坦なものに損なうこと。このふたつが混在している点にある。これは一般に「配慮」という言葉により発動する。この配慮は少数の意見を保護し、多様性をもたらすこともあれば、少数の意見を封印することで単一性をもたらす両義性を持つ。

●――放射能被害にいかにメディアが沈黙したか

この配慮の発動例は、これは二〇一一年の東日本大震災の後のメディアにおいて見ることができる。震災直後数ヵ月の生活文化誌、環境雑誌の代表的な雑誌の目次を見ると、そこに震災の文字を見出すことはできない。具体的には、『ku:nel』『天然生活』『自休自足』『ソトコト』『エココロ』各誌の目次だ。実際の誌面に多少触れたものはあったろうが、震災が主題の記事はなく、目次を見る限り未曾有の天災がこの期間に起こったことを知ることはできない。

この時期はまだスローライフという言葉が色褪せておらず、文化意識の高さがもたらす日々の細かな改善が社会全体の向上につながると考えられていた。地球環境への配慮もそうした一環であり、ソーシャルな活動への注目も同じ意識の延長にあった。こうしたミクロから始める生活の豊かさを先にあげた雑誌が牽引役の一翼を担って盛り上げていたのだが、震災、そして保守政治家と電力会社の利権追求が生んだ放射能汚染を前に沈黙を貫いた。こうした雑誌文化は真の意味で社会に提言する勇気、そして権力者集団に批判の目を注ぐ意識の高さを持ち合わせていなかったことになる。これはスローライフなるものの底の浅さを露呈したことになりはすまいか。この出版文化のありようはしっかりと記憶されるべきだろう。

この現象を見るに、「暮しの手帖」の推移は示唆的だ。震災当時編集長だった松浦弥太郎は編集（ジャーナリズム）姿勢を問われ、反権力や政治的主張でなく、「今日一日をあたたかく安らかに楽しく過ごすため」のものとSNSに投稿し大きな波紋を呼んだ。「暮しの手帖」は社会派のスタンスの強い雑誌として知られたからだ。後に同誌を離れた松浦はこの時期の売上が伸びたことを振り返ってこう分析した。「あの時皆さんは現実逃避するために『暮しの手帖』を選んでくれたんです。雑誌やメディアは真実を伝えるという役割もありますよ。でも現実逃避させるという役割もあるんです」。ちなみに現在「暮しの手帖」は従来の社会派に戻っているという。（大方草「『とと姉ちゃん』反戦メッセージ封印の一方でモデル『暮しの手帖』編集部には『政治色が強すぎ』と批判が！」、「LITERA」二〇一六年九月二〇日）

やや論点は異なるが、東日本大震災時の放射能汚染に関し官に近い環境団体や学者、自然を扱う企業もまた長らく黙したままだった。率先して動物の被災を憂うべき日本野鳥の会が「世界的な脱原発社会の実現を求める」と声明を発表したのは事件から一年四ヵ月後の二〇一二年七月七日のことだ。

放送局はこの問題にどう向き合っただろうか。アニメやSFにこの「自粛」が多かった。具体的には、番組放送そのものの取り止め、あるいは作品エピソードの放送省略である。アニメでは、『未来少年コナン』の第七話以降の放映中断、『アストロボーイ・鉄腕アトム』（リメイク作）の第五話と第二〇話の放送省略、『創聖のアクエリオン』の第一一話の放送省略など。SFドラマでは、『バトルスター・ギャラクティカ』第四三話、『ウルトラセブン』第二六話、映画『原子力戦争』、ほかに黒澤明の映画『夢』もある。いずれもケーブルテレビだ。

この「自粛」は災害を連想させるという理由から実施されたが、ある種の傾向があることがそれぞれの番組の内容を調べるとわかってくる。それは作品が単なる自然災害ではなく、核や戦争に関わるものだからだ。たとえば、『バトルスター・ギャラクティカ』はとある理由から宇宙空母ギャラクティカが放射線の強い宙域を航行する話だ。『ウルトラセブン』は軍拡競争の寓意の話で、「それは、血を吐きながら続ける、悲しいマラソンですよ」という有名なセリフがある。『未来少年コナン』は放射能ですらないが、最終戦争後の世界が舞台だ。

こうしたSFやアニメを封印する根拠は何だろうか。ひとつめに、不慮の天災ではなく人災の要素が強い放射能に関わる言葉や表現の締め出しは事件を批判的に考察する契機を封じる。ふたつめに、核（原子力）と戦争の問題は、権力者の利権構造と国防と治安体制の根幹に関わるものであり、これを刺激しないよう避けたと見ることもできる。みっつめに、先に述べた空気を刺激しないよう事なかれ主義に徹したとも言えるのではないだろうか。この最後の論点に関しては、以下の事例が参考になる。

二〇一四年五月に『週刊ビッグコミックスピリッツ』（小学館）連載の『美味しんぼ』（原作／雁屋

哲、作画／花咲アキラ）で主人公が福島への訪問後、鼻血を流すシーンが風評被害を併発すると問題視された。批判の特長は鼻血を流す特定シーンをあげ、作品の全否定に結びつけたこと。この一点突破批判はしばしば見られる世に蔓延する言論表現への攻撃のありかただ。福島の描写はこれだけではなく、文芸作品は全体の描写、意図から論評されるべきだろう。

出版物の流通についても、東日本大震災に関わるもので規制の実例が見られた。二〇一一年七月、鹿砦社が編著で発行した『東電・原発おっかけマップ』が委託配本の拒否にあった。福島第一原発の放射能漏れ事故の解説とともに、事故の責任が問われる東電経営者らの自宅の写真や地図を公開したものだ。書籍取次の二大大手会社、トーハン、日本出版販売、さらに中央社の拒否により一般の人が書店で眼にする機会はかなり限定されるだろう（『週刊金曜日』二〇一一年七月二九日）。見えざる手による統制である。

配慮が議論を封じてしまう例もある。『マンガボックス』で連載された『境界のないセカイ』（講談社）のケースがこれに当たる。性別が選択できる未来社会で、性を変えることによる性愛がＬＧＢＴ団体の批判を招くのではないかと編集部が判断、二〇一五年に打ち切りとなった。ＬＧＢＴ団体のレインボー・アクションは「作品の描写に問題はない」と声明を発表。編集部の萎縮による過剰反応だったことになる。

本作は「政治的に問題のない」であろう作品だが、そうした表現を封印することは議論の契機を奪ってしまうことになる。この事例からわかることはふたつある。ひとつめは、編集部のＬＧＢＴに対する理解の浅さから来る誤った対応だ。ある程度の知識なり学識を持っていれば防げた事態だ。ふたつめが論点そのものを封印することで責任を回避するリスク管理志向である。これは事なかれ主義ということもできる。

こうしたメディアにおける箝口というNGは「わいせつ」や暴力に関わるものが多い。BPO（放送倫理・番組向上機構）に寄せられる市民の声も多々ある。これは発信者に対する差別の問題も含み、一義的に封印してしまえばよいのではなく、慎重かつ熟慮が求められる。暴力に関してのケースでは、二〇〇七年にアニメ『Scool Days』と『ひぐらしのなく頃に 解』がその頃起こった少女惨殺事件を連想させるという理由での地上波放送の中止がある。ここには「連想」という曖昧な言葉が使われている。厳格な根拠の推定のないまま現象が進行している例だ。

●——生き残るためのおたく文化の試み

ここでアニメやマンガ、おたく文化に密接に関わるサブカルチャーのNGをもう少し掘り下げてみよう。

戦後のマンガ史を振り返ると必ず記されているのが「悪書追放運動」だ。一九五〇年代、当時のマンガの暴力や性に関する表現、煽情的な描写などに対する抗議運動が起こった。これは各地のPTAが大きな担い手になった。当時の主だった人気マンガが槍玉にあげられた。この動きは散発的に起こり、一九五九年は貸し本マンガの雄である佐藤まさあきの各作品、そして白土三平の『忍者武芸帳』

の殺戮描写、さらに一九七〇年は永井豪の『ハレンチ学園』や手塚治虫の『やけっぱちのマリア』が問題視された。

一九九〇年代には有害コミック問題が起こっている。これが異なるのは法規制という事態を生みだしたことだ。きっかけは一九九〇年に東京都生活文化局が出した「性の商品化に関する研究」で、当時のマンガの「性表現の過激さ」が広く注目された。各地で市民による規制運動が起こり、幾つかの自治体でマンガ作品が青少年の閲覧にふさわしくないという有害図書指定を受けた。

有害コミック問題の特長に槍玉にあげられた作品はさほど知名度は高くないことがある。これはロリータものやBLものなど、マンガの中でも細分化されたジャンル、サブジャンルの作品が対象となっている。これが少数であるがゆえに、問題視されたサブジャンルを愛好する下位文化と下位文化集団（これをサブカルチャーといい、具体的にはおたくとか腐女子のことだ）への攻撃と蔑視を誘う社会的傾向も生んでいる。

いまマンガやアニメの表現規制に関わる懸案事項に児童ポルノ禁止法改正案がある。これは国際的な児童の人権擁護の趨勢を受け、児童ポルノ取り締まりを強化するものだが、マンガやアニメもまた対象とする動きが論議を呼んでいる。マンガやアニメに被写体やモデルはいないので、直接の被害者の不在が議論の争点になっている。

この法規制の動きと各種規制に向き合って運動する市民団体に、ＡＦＥＥ（エーフィー、エンターテインメント表現の自由の会）がある。主な活動は機関誌発行と各種講演会などの企画だ。ここでは運動の現場の視点から意見を伺った。発言者は、副編集長のにしかたコーイチ、ＡＦＥＥの活動にも協力をしている表現の自由のためのＮＰＯ法人うぐいすリボンの荻野幸太郎の両氏。

「ＣＧポルノの有罪の判決理由、業界団体の自主規制。青少年条例の運用も含め、いま表現の防衛ラインの限界がどんどん自由とは逆の方向に押されていると感じます。ろくでなし子さんの件も、彼女が立ちあがらなければそのまま犯罪という印象が世間で確定しまったでしょうし」（荻野氏）。

AFEE（エーフィー、エンターテインメント表現の自由の会）発行の機関誌『AFEEマガジン』1号。

二〇一三年七月、ＣＧによる描画が児童ポルノに当たるとして、逮捕された事件がある。その人物は写真集を元に描いたというが、その被写体が実際に何歳であるかは警察は調べていないという（ウェブ「東京スポーツ」二〇一四年五月一六日）。立証できないものを逮捕するのは明らかに違法で、まず摘発ありき、犯罪認定ありきの印象を拭えない。

「マンガやアニメが犯罪を助長するとよく書かれますが、それが主張なのか事実に基づく統計なのか。不明瞭なまま行われている議論の論点をまとめようと思ったのが僕にとってのＡＦＥＥを作る動機でした」（にしかた氏）。

にしかた氏は有害コミック問題のころから、マンガ防衛同盟の責任者として活動してきた。この問題はSNSなどのネット社会でよく意見が交わされるが、政治と並んで噛み合わず、議論が荒れるもののひとつだ。そのあたりを冷静に整理している点が筆者が取材した理由でもある。

「なにが規制されるかという問題もありますが、それ以上にリアクションのひどさがあります。インターネットのSNSで問題視されると、炎上させることが楽しいというひとつの類型ができてしまいました。たとえばアニメが問題視されるとしても、おそらくそうとうマニアックな人しか見てないし、世間が気にするはずもないアニメのシーンを引っ張ってきてあぁでもないこうでもないと議論するのが昨今の状況のように見えます」（荻野氏）。

本来表現規制とは、テレビを見る人に配慮した対処であるはずだ。だが、それが議論のための議論に陥っている側面がある。

「僕の好きなアニメに『さくら荘のペットな彼女』があります。小説ではおかゆの場面がアニメでは参鶏湯《サムゲタン》になっていて、監督は売国奴だとか韓国への反感をこめた批判がばーと広まった。権力による規制というより、市井の匿名の誰かによる攻撃のほうが大きくなっているなと僕は感じます。そして政治家はそれを規制の理由に利用している」（にしかた氏）。

にしかた氏はAFEEの活動を「消費者運動をモデルにしたい」と語る。これまで表現の規制への反対運動は、権力と表現者の二項対立で捉えられ、展開されている。彼の発想はおたく文化の性質に根ざすものだろう。表現者もまたおたく文化の消費者であり、そのサブカルチャー社会集団の一員だからだ。表現規制はその社会集団全体のアイデンティティに関わる。

これは公共性の視点の導入でもある。表現者の権利は所有権にも似て、その個人に帰する神聖不可侵のものだ。それは排他的であるがゆえに、他者はこの問題に間接的にしか関われない。しかし、それを共有のものとする視点もあるのだ。

二〇一四年六月に可決された児童ポルノ禁止法が改正された最大の点は単純所持が罪となることである。だが、この法じたいが大きな問題を抱えている。それは違法表現をみっつに分類しているのだが、わかりやすくいうと一号ポルノが性行為そのもの、二号ポルノがそれに準じる行為、三号ポルノが裸や半裸の姿、となる。この三号ポルノの定義には補足条件があり、その露出が「性欲を興奮させ又は刺激するもの」となっている。虐待の有無ではなく性欲の刺激という見る側の反応が取り締まる基準となっていることだ。

「ここに『児童』自身への性的虐待防止という『個人法益』でなく『価値観』を罰するという『社会法益』が入っているのです」（にしかた氏談話、明智カイト「緊急インタビュー：児童ポルノ禁止法改正案が衆院を通過！子どもたちを性的虐待から守るために残された課題」「ＹＡＨＯＯ！ニュース」二〇一四年六月九日）。

これは児童を主体とした虐待ではないため、取り締まりの基準としては不十分なものだという。問題が個人の人権侵害と関わる個人法益と異なるレベルの社会法益と認識するなら、対応の仕方も異なったものにする必要も出てくる。

「私たちは人権を個人のものと考えますが、ある社会集団の権利というものもあります。ヘイトスピーチもそうだし、児童ポルノもそういう考え方がされるようになっています。ただ、社会集団に人権を与えるのはみな慎重な姿勢を取っています」（にしかた氏）。

個人の人権は侵害された本人の主張によって裏づけられる。しかし社会集団の人権は複数であるがゆえに直接の被害者から遊離する場合もある。この曖昧さと誰の意見を持って代表とするかが問われる微妙さがある。

「社会法益にもとづく規制やあるいは仮に集団的な人権を認めるにしても、創作表現が守れる余地はあると思っています。問題の切り分けはできるよねと予備的な主張はするつもりです」（荻野氏）。

AFEEのメンバーの統一見解はないが、話を伺った数人は、未成年の保護とそれを嫌うものを守るために性的な書籍や商品のゾーニング（場を分けること）には同意している。問題が生じたとき、リアクションがひどいという話が先の発言で出た。議論の位相の問題を峻別し、極論ではなく社会の現実に沿った対処を見つけ出す。いま必要なものは、そうした対話の方法論だろう。

おたく文化の表現のひとつにコスプレがある。かつて秋葉原ではコスプレをする人間が多く見られたが、いまその影はない。警察の取り締まりのためである。

「たとえば普通に仮面ライダーのコスプレをしている人を、オタクだからと直ちに危険視するような偏見は減少しているでしょう。しかし性的な露出を伴うコスプレについては、公共空間において必要となる配慮の問題と風俗産業やポルノ産業のほうで起きているもっと深刻な問題とが、議論の中で混同されて混乱が起きているように見えます。また公共の場を使ったコスプレ・イベントを、地域住民の理解を得て安心・安全に開催するために、誰かが裏方でレギュレーティング（内部統制）を頑張る必要があるという話でもあります」（荻野氏）。

秋葉原のコスプレが規制されるのは、実態以上に社会からの逸脱の問題視、つまり偏見によるものだ。表現の規制は作家の権利だけでなく、これを愛好する社会集団に対する圧迫でもある。それだけに慎重さが必要とされる。

●──情報偏重と管理姿勢が自由を阻害する

ここでメディアを経由して人々の手に渡る情報の性質について再考してみよう。情報の作成の段階でさまざまな力関係のもと加えられる配慮とバイアスについてである。

この情報に満ち満ちた情報社会にあって、表現の説得力は情報量の多さにも求められることが多い。映画やテレビ番組、マンガにも監修というかたちで題材やモチーフに関わる専門家がアドバイスを行う。これは「もっともらしさ」という説得力に通じる。だが、これには落とし穴がある。

かつて森村誠一の小説を佐藤純彌監督が映画化した『野性の証明』（一九七八年）がある。これは自衛隊の特殊部隊が犯した大量殺戮という犯罪が題材で、主人公の単身での自衛隊の追っ手との戦いが映画の売りであった。しかし、主人公に迫る自衛隊の戦車やヘリコプターは米軍のものだった。本作は自衛隊を悪役として描いたため協力は得られず、米軍の協力のもと撮影を行ったためである。作中には、本来自衛隊の装備にない戦車やヘリが登場する。

これは情報量の多さがリアリティの創造にさほど寄与しなかった時代の作劇の一例である。映画は大ヒットしたのだが、現在こうした映画が誕生したならトンデモ映画とみなされ、酷評されることだろう。現代に同じような映画を作るなら自衛隊の装備のレプリカを作るしかないが、それはコスト上不可能な話だ。つまり、現代の映画では自衛隊を悪役にした実写映画を制作することは事実上不可能となっている。情報量の多さに対するニーズは、創作の幅を狭めてしまっている。

『宇宙戦艦ヤマト』のリメイク、アニメ『宇宙戦艦ヤマト２１９９』（二〇一二年）は軍隊的な描写を意図的に避けた旧作と異なり、ヤマトを国連軍指揮下の自衛隊所属として描いた。乗組員らのやり取りは自衛隊の用語と口調をもとにしている。これは総監督の出渕裕のリアリティ追求の意図から来るものだが、これが物語にも影響を与えてしまっている。旧作では初めての発進のさい、緊張のあまり航海長の島大介がミスをするし、古代進もその未熟さが頻繁に描かれ、若者のドラマであることが強調された。しかし、リメイク版では現実の自衛隊への配慮からミスを冒さない隊員としての優秀ぶりが描かれたが、これは物語から生彩を奪うことにもなった。

自衛隊の協力は幾つかある例に過ぎない。思想信条の問題もあるかもしれないが、たとえ撮影や考証の協力が得られたとしてもその相手を悪しく描くことは心情からためらいが生まれるだろう。現代の創作物は、情報社会それ自体が持つ規範と志向から一定の方向性とバイアスが必然的に与えられてしまうのだ。

アニメ『銀河英雄伝説　Die Neue These』（二〇一八年）の場合は、『ヤマト２１９９』とやや似た問題があるかもしれない。原作小説（田中芳樹）は政治家と軍人、貴族それぞれの愚かさを意図的に誇張した悲喜劇が描かれ、ブリューゲルの風刺画のような感もあった。一九八八年以降制作のアニメ旧作に対し、この新作は軍人や貴族の言動と人格がやや穏当なものに抑えられ、常識的な人間像の範疇に収まるものとなっている。これは情報のもっともらしさに配慮すること（逸脱に対する怖れ）で人物造形が平板になり、物語の面白さを削いだ例と言える。

最近はプロダクト・プレイスメントと呼ばれる映画やテレビ番組の中に商品を登場させ広告料を取る手法も出てきている。表現と広告の境が曖昧になりつつある。

情報社会が持つ規範は表現の流通過程においても多大な影響を与えている。それは著作物の「事前検閲」を招くことである。筆者自身の経験では、美術のレビュー（展覧会批評）に執筆対象の美術館／博物館や画廊から出版前の文章（誌面）の事前チェックの要請がしばしばなされる。

こうした要請ははねのけることは簡単なのだが、そのさい版権画像、つまり作品画像は使用許可が得られなくなるため掲載できなくなる。これは原稿や誌面の商品価値を下落させる。出版社はビジュアル掲載という読者の食いつきがよい紙誌面を望む。経済上の利益のためなら、編集者は多少の不自由、ＮＧには目をつぶろうというものだ。

この「事前検閲」の要請は広報担当者（学芸担当の場合もある）から寄せられる。かれら情報の管理者は自らの好ましい形で文章が流布されるよう常に働きかける。いわばメディアコントロールだ。つまり、世に存在し、目にする言説（批評）は一定の管理下にあることになる。かれらが批評を尊重しているなら、こうした事態は起こらない。しかし、そうした理解者は多いわけではない。筆者の経験では、おおむね下の世代ほど無理解なものが増えていく。

ある企画展の評で展示施設の実質上のオーナーであり展覧会の企画者でもある人物の名前の記述回

数が少ないことが問題視され、具体的に数カ所、名前の追加を指示された。当初の原稿は企画者としてのみ一ヵ所言及しただけだが、最終的には三ヵ所まで増えた。ほかの例では、展覧会の作家名だけでなく、企画者の表記の追加の指摘という例もある。

この事前検閲はある種の威嚇も含んでいる。事前検閲があると前もって伝えられるなら、執筆者の心理に萎縮を促すだろう。つまり、最初の段階で執筆文に薄いフィルターがかけられることになる。

事前検閲の手順を説明しよう。取材時（多くはプレス内覧時）に注意書きを渡され、そこに事前検閲の旨が記載されている。たいていは「情報確認のため、事前に校正をお送りください」という具合に書かれているのが一般的だ。問題視されるのを避けるためか、その表現は軟らかいものが多く、監督責任があると明記されない。「お送りいただけない場合、掲載内容についての責任は当方では負いかねます」と婉曲的な表現にとどめている場合が多い。作家の希望で事前検閲を科すと記載される場合すらある。

こうした要請は情報の統制というより情報の品質管理のような心理から生まれるものだろう。つまりリスク管理志向の一例である。事実上要求をしながらも、自身の責任は回避する官僚的作文がその心理のありようを語っている。こうした事前検閲はランダムで、同じ美術館の開催でも要求されないこともある。美術展の性格、企画者の意向、広報／担当学芸員の判断で決まる曖昧さがある。

ここで注意したいのは、この現象が比較的新しいものであることだ。かつて美術批評は美術評論家という肩書きに伴う高度に自律性を持ったものだった。それが変化してきたのはふたつの理由がある。まずひとつめは、美術批評から美術ライターが分離したことだ。ライターとは良し悪しを評価する批評でなく、紹介を主な目的とする原稿の書き手のことである。美術の裾野が広がり、より大衆性が求められるに従い、業界のニーズが生みだしたものだ。

これは一般メディアにおいて、さまざまな（大衆）表現がコンテンツ化していく過程と似ている。映画でも音楽でも楽しみ方、鑑賞指南、手引きのような情報が求められ、批評の存在の場は極端に少なくなっている。すべては消費と売上に奉仕する情報価値が尊ばれるのだ。

ふたつめの理由は、美術の書き手に専業が激減し、学芸員の兼業が大きなウエートを占めてきていることだ。同じ職種同士（筆者は違う）であるから美術館の都合が優先され、批評が独自な存在であることへの理解が構造的に欠けてしまう。これが意味するのは情報管理者による言説の寡占化、独占化である。

アニメの分野に関しても同じような現象が存在する。同じく筆者の経験を記そう。ロボットアニメについて書いた原稿で、人気敵役キャラクターの紹介を、愛すべき欠点を交えて書いたところ権利者のチェックで削除された。宇宙ＳＦアニメの成立事情を既存インタビュー資料をもとに書いたところ、制作者同士の微妙な争いがあるため、関係者の同意を得ない限り版権画像を貸し出さないと通告された。いずれも客観的な視点を許さない姿勢だ。

アニメでは美術ほど評論の発展は成熟したプロセスを経ていない。レビューは商業メディアの紹介文と未分化な要素があり、さらに自由度が低いことが傾向として言える。美術とアニメの例を引き合いに出したが、この種のメディアコントロールは程度の大小はあれ、日本のさまざまな業界、世界に充満する現象だろう。

言論表現は情報社会の一産物であり、情報そのものが要求する規範に支配される。表現者（書き手）もまた情報を扱う制度のなかの住人であり、そのローカルルールに従わざるを得ない点がある。

本来、批評とは既存の制度から自律性を持った言論表現であるとされている。しかし、実態は制度に縛られた情報の表出の面を持っている。このメカニズムに対し、強いるものも享受するものもあまりにも無自覚である。真実を覆い隠そうとする空気の透明度が低く、まるで雲のような趣すらある。この遮蔽物もまたNGであり、言論表現の自由の困難さを生んでいる。

第5章

各地で封印されつつある歴史の真実

●――橋本内閣から始まった歴史への圧力

人々が交わる社会的領域、公共空間から、「異物」が徐々に減ってきて、平坦でいて心地よいものに変わりつつある。こうした現象の最大かつ最多のものは「歴史」であるかもしれない。客観的真理であり、人々が無前提で共有していた歴史は公共空間から排除されようとしている。それは、鎌倉幕府の成立年や邪馬台国の所在地などのそれ自体はニュートラルな歴史事実や論争ではない。日本という国や政府が人々を害し、損なったという負の歴史のことである。

この歴史にみられる排除のNGにもふたつの傾向が見られる。公権力ないし公共施設からの排除、そして市民自身による排除、である。まず前者から見ていこう。

まず、この歴史の排除は保守権力集団が浸透を目論む歴史修正主義の流れの中で生じてきている点を指摘したい。公共施設からの「負の歴史」の記述の追放の動きは、橋本龍太郎首相の主導が大きなメルクマールとなっている。

これは一九九六年一〇月のことで、橋本首相の指示による「全国の戦争博物館に関する調査報告書」が発表された。長崎原爆資料館で展示されていた南京大虐殺の関連資料に出された「真偽性への疑問」が発端となり行われたという。「産経新聞」によると、展示写真のうち映画の写真が展示資料として取り扱われていたという。長崎日の丸会や自民党市議団の抗議により、写真の表記が「南京大虐殺」から「南京入城式」に差し替えられた。

「これは同日午後の首脳会議で参院自民党の村上正邦幹事長が『日本が悪いことしかしていないという主張が展示に貫かれている。これを見た青少年たちは日本に原爆が落とされて当然だと思ってしまう』と指摘」（「産経新聞」一九九六年六月二五日）されたという。

展示は人道的な残虐性が疑う余地もない長崎原爆の被害と日本軍による加害の併記だが、この議員の発言は図らずも史実への本音が透けて見えてしまっている。

先の報告書はピースおおさか、堺市立平和と人権資料館、吹田市平和祈念資料室、沖縄県平和祈念資料館、川崎市平和館、広島平和記念資料館など計八ヵ所が調査対象だ（『ミューズ』20号）。「報告書によると、調査した八カ所すべてで南京事件や朝鮮人の強制連行が扱われるなど、実証されていない『事実』を明記した展示が行われていた」と結論づけており、調査に当たった村上幹事長は改善措置を首相に求めるとしている（「産経新聞」一九九六年一〇月一八日）。

こうした批判、抗議に特長的なのは、少数の資料の真偽の不確かさを事件全体の懐疑性に直結させ、全否定を行う手法で、歴史修正主義によく見られる。市民と政治家による議論、歴史家という専門家による検証の双方を経ることなく、為政者のイデオロギー的独断によって史実は歪められ、隠蔽される。先の調査報告書は結果的に圧力として機能し、幾つかの博物館では史実の削除、あるいは記述の曖昧化が施された。

一九九九年に沖縄のふたつの展示施設の改竄が明らかになった。沖縄平和祈念資料館では、「ガマ（壕）での惨劇」という復元模型の制作において日本兵の市民への自決強要が曖昧にぼかされるものに差し替えられてしまった。これは当時の文化国際局次長の指示によるものだ。ほか、沖縄の米軍統治を了承した天皇メッセージ、七三一部隊の写真、日本軍のアジアでの犯罪に関する資料の削除などがある。

八重山平和祈念館では稲嶺恵一知事の指示で、集団自決の文言削除、軍による衛生上問題のある地への住民の「強制退去」「退去」はそれぞれ「避難命令」「避難」に差し替えられた。この指示要領書の文書隠滅を図っていたことも明らかになっている（自治研沖縄県本部／沖縄県職員労働組合「新沖縄平和記念資料館改ざん問題」ほか）。いずれも日本兵の住民に対する加害の比重を弱めようという意図がある。

この動きは各地に波及し、負の歴史記述の排除が進行している。堺市立平和と人権資料館も加害展示を縮小した。埼玉県平和資料館も二〇一三年の改装時に加害展示を削除した。県議会から「自虐的」との指摘もあったが、同館は因果関係を否定している（「朝日新聞」二〇一五年九月七日）。

東京都では鈴木俊一都知事が進めた東京都平和祈念館の建設が見送られたままとなっている。都が示した叩き台が批判を呼び、展示内容は議会の合意を得る条件とする付帯決議が行われた。案の「軍事都市東京」の形容、展示構想の加害の側面が反発を呼び、「日本をおとしめる展示になるのでは」との議員の声も上がったという。この構想に賛同し、市民が提供した五千点もの資料は一部貸し出しされたものの眠ったままの状態となっている。

二〇一四年には、京都大学の医学部資料館で七三一部隊の説明展示パネルが撤去された。七三一部隊は満州に駐屯した旧関東軍所属防疫給水部の通称だが、中国人ら捕虜に細菌兵器の人体実験を行った残虐行為で知られる。資料館は新設したばかりで、撤去は早々に行われた。

「当初は『表現が不適切との声があったため』と説明していたが、後に『個人的な感想を述べただけ』と改め、『見やすいよう全体的な展示内容を考慮して入れ替えた』と話している」(ウェブ「京都新聞」二〇一四年五月二〇日)。撤去理由が当初のものと変わっており、真相を隠し、体裁を取り繕った感はぬぐえない。七三一部隊関係者は戦後の日本医学界で重職を担っており、人道上問題視されている。展示資料は京大図書館で閲覧できる性質のものだが、真実に接する機会が減ったことは問題視されてしかるべきだろう。

そのほか、神奈川県の地球市民かながわプラザで、日本軍「慰安婦」に関するパネルなどが削除、改変された事例もあったという。こうした事例は、あったものを引っ込めたという、比較的わかりやすい性質であったため表面化したに過ぎない。先の美術館の展示事情で見たように、細かな部分での情報の操作や省略、曖昧化などは全国各地で進行していると推測できる。

これは為政者からの圧力あるいは施設長のイデオロギー上の独断もあるだろうが、論争を避けようとする事なかれ主義、上部機関への忖度やおもねりといった繊弱さもまた現状の背景にあるだろう。

後者に関していえば、いまの日本の展示施設に論争と干渉を受けて立ち、抗する体力と気概が少ないように見受けられる。

●——圧力を受け入れた、ピースおおさかの実態

橋本首相の指示による「全国の戦争博物館に関する調査報告書」で槍玉にあげられたピースおおさか。さらに大阪にはやや似た存在に人権問題とその歴史を扱ったリバティおおさかがある。両館がこうむった行政からの圧力はほかと少し異なる面がある。それは行政改革の衣をまとっていたからである。かつて行政改革の旗頭のような存在だった、橋下徹のイニシアチブによるものである。

発端は大阪市の三つの博物館の利用者の少なさが槍玉にあげられたことにあり、二〇〇八年に大阪市の市会で改善策を求める付帯決議が行われた。

決議では、リバティおおさか（大阪人権博物館）、ピースおおさか（大阪国際平和センター）、さらにヒューライツ大阪（アジア・太平洋人権情報センター）が対象とされた。これを受け、橋下知事は二〇〇八年に「大阪府市連携事業の見直し」に着手する。これにより、ピースおおさかは補助金を大幅に削減され、特別展示・企画展示の予算はゼロとなった。当初一〇人いた派遣スタッフは翌年二人にまで減少した。ここまでは行政のスリム化の話である。

二〇一一年、同館を視察した維新の府議らは「子どもには残虐すぎる」「自虐的」と批判した。

この年、大阪維新の会は大阪府市で与党となり、発言力が増していた。同会を率いる橋下は当初掲げた目的を逸脱し、反対意見に沿う形で同館の歴史記述の修整に取り組んだ。「施設を存続させるには従来の加害展示をなくすしかなかった」とは同館の関係者のコメントだ（「朝日新聞」二〇一五年五月一日）。以下に橋下市長（二〇一一年一二月からこの職）、松井一郎知事（橋下の後任で同じ維新の会所属）の言動を拾ってみる。

「先の大戦をめぐる評価や、『南京大虐殺』『強制連行』などの事案の真偽について、多様な見方を示さずに日本をことさら糾弾する立場に立つ自虐史観だ」（橋下談話）、「産経新聞」二〇一三年九月一八日夕刊）。

「中国側の加害行為も入れる」（橋下談話）、「大虐殺が行われたという一方的な内容にならないよう、両論併記して正確に再現する」（松井談話）（「産経新聞」二〇一四年九月一九日夕刊）。

特に問題視されたのが、展示映像のなかの日本軍が南京城へ入場するシーンだ。「日本軍が占領した首都・南京で、捕虜のほか女性や子どもを含む多数の住民が虐殺された」とのナレーションがあり、橋下市長も「教科書の範囲内の事実、これまで否定するとサンフランシスコ講和条約の否定につながりかねない」（「産経新聞」二〇一四年九月一九日）と受容したものの、最終的に前言を翻し削除修整された。敗戦後、日本はサンフランシスコ講和条約のさい以前の軍国主義、帝国主義を反省しくり返さないことを誓い、各国との平常で対等な条約を回復できた。歴史の歪曲は、その後の日本の歩みの否定を意味する。

このような経緯のもと、二〇一五年にリニューアルオープンしたピースおおさかはどのように変貌したたろうか。

同館は入口に焼け野原となった大阪市の遠景が大きく取られ、戦前と戦後の大阪の地域史、さらに生活文化を窺える展示構成となっている。全体で六セクションに分かれ、Aが大阪空襲の様子、Bが日本が戦争をするに至った時代背景、Cが「戦時下の大阪のくらし」、Dが戦禍の悲惨さを伝える資料、Eが大阪の戦後復興、Fが国際紛争と国際貢献の説明、という構成だ。

大きく変わったのは、日本が戦争を起こすに至った背景、さらにその性格を「加害」と説明する視点の欠落だ。これを如実にあらわすのがほぼ撤去された旧展示室Bの内容で、悲惨な末路をたどった兵士の遺物、太平洋地域の説明展示、アジアへの派兵（軍組織との戦闘や市民の虐殺）や植民地運営（皇民化政策など）といった侵略に関わる展示解説があった。

旧パンフレットには、「戦場となった中国をはじめアジア・太平洋地域の人々、また植民地下の朝鮮・台湾の人々にも多大な危害を与えたことを、私たちは忘れません」とある。こうした率直な表現にみる姿勢は、同館の運営からはなくなってしまった。このリニューアルは多くの人々から非難を浴びた。

このピースおおさかのリニューアルの問題はみっつに整理できる。ひとつは、歴史観の妥当性だ。過去の戦争が日本の侵略によって始められた性格を持つだけに、加害の視点の欠落はとりわけ重要な過誤につながる。さらに戦場の兵士の実情を窺わせない展示構成は、戦場の悲惨さもよく伝えられないだろう。

ふたつめは、為政者が歴史の専門家の見識に干渉し、自身の歴史観を反映させたことだ。橋下はリ

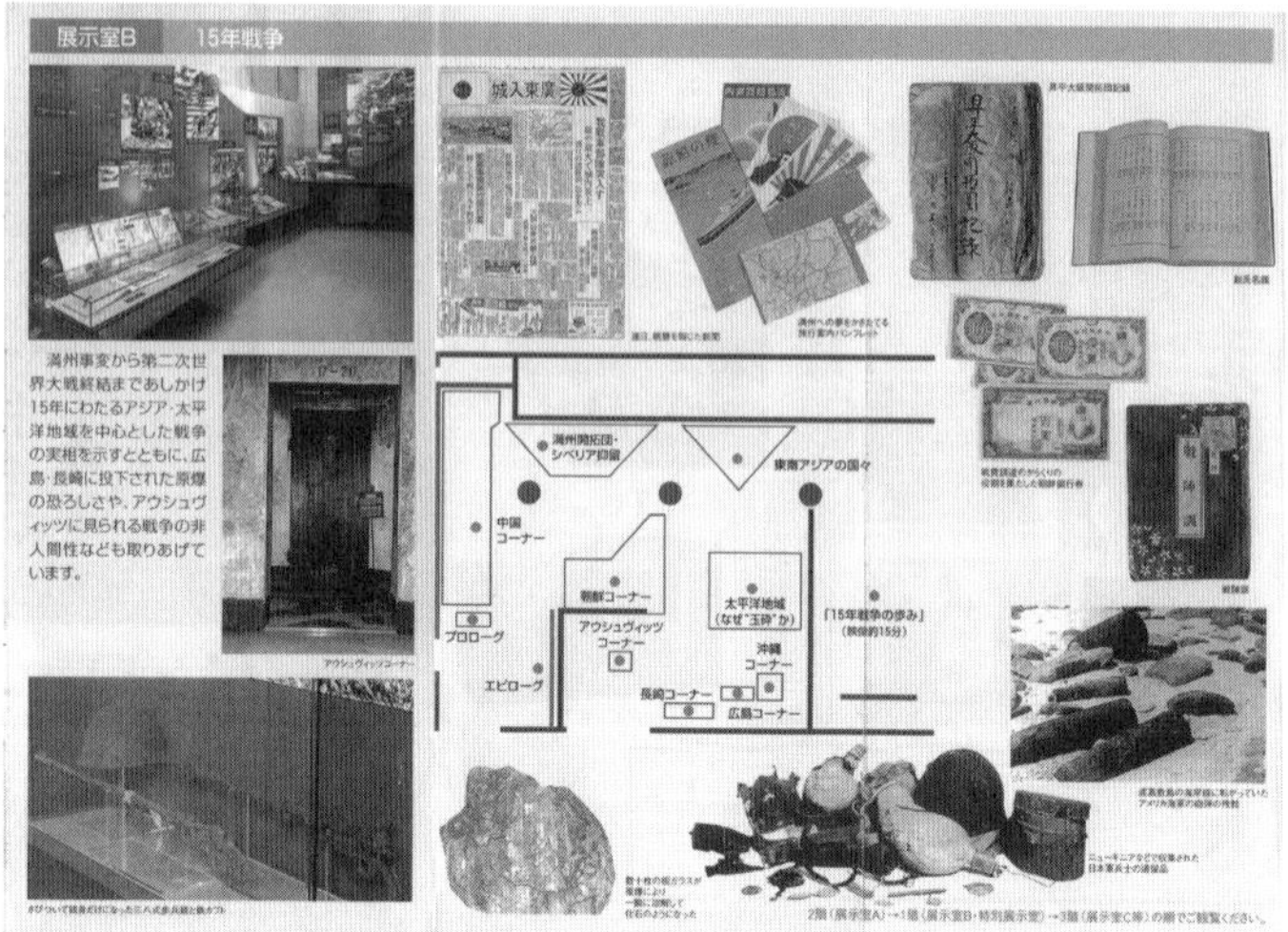

現在の展示ではこの加害のセクションが丸々なくなった（旧同館リーフレット）。

ニューアルのさい「政府の統一的な見解」を掲げた。具体的に何を指すかは述べられなかったが、侵略と植民地支配を認めた一九九五年の村山富市首相の談話でなく、最近の安倍首相の戦争を正当化する歴史修正主義に依拠しているように見える。

「政府は間違うことがあるというのが先の戦争の教訓だったはず」と、沖縄のひめゆり平和祈念資料館は本件についてコメントする（「神戸新聞」二〇一四年三月三日）。こうした客観的、批判的視点を確保できるところに専門家の独立性、自律性の根拠がある。政府見解、あるいは為政者の意向によって束縛することが行政改革の流れから生まれた「強いリーダーシップの政治」のもと各地で行われている。

みっつめは、リニューアルが情報非公開の密室状態で作業が行われたことだ。リニューアル発表後、市民から寄せられた九三件の意見のうち七二件が設置理念から逸脱せず加害の視点尊重を要望するものだった。橋下は「府民の意思を反映すべきだ」と言いながら、実態はこれに背くものだった。

この裏面の事情を明らかにしたのは、市民団体「ピースおおさか」の危機を考える連絡会の働きによるものだ。会は竹本昇事務局長を原告代表に、リニューアルが最初の設置理念と乖離したものとなるのを不当として訴訟を提起した。

「このような状況の下、展示内容の詳細が開示されると、新聞などの各種報道機関によりその内容が報道され、さらには、原告が所属する『「ピースおおさか」の危機を考える連絡会』などの市民団体から展示内容の変更を求める要請がなされることは容易に想定できることであった。……そうすると、『ピースおおさか』の展示内容を確定することができず、『ピースおおさか』の展示内容のリニューアル自体ができないおそれがあった」（平成27年（ワ）第７６９８号損害賠償請求事件「準備書面（1）」平成27年11月19日）。

裁判過程で明らかになった裏面の事情だ。橋下は選挙に勝利したことで有権者から全権委任されたと公言していた。その論法のあらわれが作業過程からの市民の排除である。

「裁判の過程で、それこそ裁判で問うべき内容が出てきた。情報公開の否定、民主主義の否定です。市民の意見を無視した独裁ですよ」。

原告代表の竹本氏はそう憤りを隠さない。今回の取材でリニューアル前の展示写真の提供など、色々と便宜を図ってくれた。

「あそこは平和教育の一環でほとんどの学校が見学しています。副読本という位置づけでした。そこで日本の加害の事実を教えていましたが、それがいまはもうほとんどできないのです」。

各所で歴史の歪曲を専門家が糺せないとき、その役割を代わりに果たそうとするものに市民活動がある。その活躍に注目したい。

●――圧力を拒否した、リバティおおさかの選択

効率化の槍玉にあげられたリバティおおさか（大阪人権博物館）は、ピースおおさかとまったく別の道を歩んでいる。こちらは橋下市長の要求を拒絶し、結果的に行政と袂を分かつ道を選択した。専門家による政治家からの干渉への抵抗である。

このリバティおおさかは歴史という縦軸だけでなく、現在の社会問題という横軸の展示を扱う。それは同館の所在する地域が背負った被差別部落の歴史から敷衍して、より大きな差別全般の問題も扱うからである。同館が突きつけられた「理不尽」は歴史だけでなく広く為政者たちから「異物」とみなされる存在の輪郭を明瞭に語るものとなるだろう。

こちらも当初は費用対効果の問題であった館の運営が、二〇〇八年の橋下知事の視察で内容に踏み込んだ是正要求へと変わった。彼は「リバティの常設展示はわかりにくい、学校教育で小中学生が来た場合に理解できるようになっていない」「人権教育の必要性はわかるが、これまでの大阪の人権教育は十分機能を発揮していない」などの指摘を行った。具体的には下記のNGが当時の担当であった

大阪府教育委員会から突きつけられている。「環境問題・公害で、ゼッケンやたすきは運動色につながるので展示をやめてほしい」「人類館事件は『大阪への移動と移住』に関係ないのではずすべき」「運動色の濃いものは、公費を使ってやる必要はないという知事からの指摘を考えてほしい」。人類館事件とは、一九〇三年に大阪で開催の第五回内国勧業博覧会において会場周辺にアイヌ人や台湾の先住民族、中国人、沖縄人らが見世物のように居住させられ、批判を浴びたことをさす。

木村愼作副知事のほうは同年の第一七回大阪府経営企画会議で視察の感想をこう述べている。「とにかく施設が暗い。今までは過去に焦点を当てた展示内容になっていたが、これからは、『夢・未来』を前面に出していかないといけないのではないか。未来型のポジティブなものが必要だと思う」。

同館では要求を受け入れてリニューアルを行った。この間、段階的な補助金の削減を受けての運営体制のスリム化が行われている。しかし、橋下市長はこのリニューアルには満足しなかった。

二〇一二年に二度目の視察を行った彼はツイッターでこう記した。「おかし過ぎる！いつもの差別・人権のオンパレード」(二〇一二年四月二一日、『リバティおおさか裁判支援する会ニュース』二〇一六年二月号)。そして彼は「子どもの将来を考える展示になっていない。補助はゼロベースで見直す」と館に通告。補助金をすべて打ち切った。もともと館の運営は大阪府・市から補助金が交付され、その割合は八五％。六割が大阪府、四割が大阪市の割合であった。現在すべて民間からの寄付で運営されているが、すべてを補うには不足がちで現状下での経営はきわめて困難な状態にある。

橋下市長は追い打ちとしてさらに過酷な対処を取った。館の敷地は市有地なのだが、その継続使用には新規契約が必要だと二〇一四年一一月に通告した。実はそれまで土地の使用料は大阪市との契約

リバティおおさかは幾つかの妥協を余儀なくされながらも、いまも差別の歴史をしっかり伝える展示を行っている。（撮影／筆者）

により全額免除であった。彼の提示した賃料設定はかなり不利な条件だった。二〇一五年には、市は市有地の明け渡しと契約が終了した後の建物撤去明け渡しまでの期間の賃料相当の損害金約二五〇万円（月額）の支払いを求めて提訴した。これは同館をつぶす目的と言えるものだ。

さて現在のリバティおおさかを紹介しよう。全体はゾーン1「いのち・輝き」、ゾーン2「共に生きる・社会をつくる」、ゾーン3「夢・未来」の三セクションに分かれる。ゾーン2には被差別部落、在日コリアン、ハンセン病回復者など、差別全般に関わるものが集められている。そのなかの「地域社会と部落差別」のコーナーでは、博物館の置かれた地域の差別にまつわる歴史、従事した職業の各種道具の紹介、被差別部落の解放を掲げた全国水平社の解説など、同館の柱がある。アイヌ差別の説明展示もあり、差別がより広い視点で捉えられているもののこの部分のボリュームはそう大きいものではない。

ゾーン1「いのち・輝き」にはＨＩＶや児童虐待が取り上げられるが、人間の出産プロセスの展示もある。ゾーン3「夢・未来」は職業に関するもので差別に直結する主題と言えるが、適性職業の診断コーナーもある。こうしたやや中途半端な展示構成は木村副知事のいう「夢・未来」の意向を反映した部分である。以前は女性や性的少数者、ホームレスなどのコーナーもあったが、これは現在はない。橋下が満足する回答はおそらく館の展示の中核であるゾーン2「共に生きる・社会をつくる」の丸々削除であったように思う。

そもそもリバティおおさかは、この土地が蒙ってきた差別の歴史に対する抵抗から生まれた。橋下による度重なる干渉は同館の命そのものを断とうとする行為に等しい。

「もともと現在のリバティおおさかの土地は皮革業を生業とする有力者たちが地元の子どもたちの教育のためにと土地の一部を市に寄附し、一九二八年に大阪市立栄小学校が建設されました。それが移転し、旧校舎の保存活用の一環として一九八五年に大阪人権歴史資料館としてオープンしました」。

同館事務局長の前田朋章氏はこう語る。この件に関し、氏に細かな事情を取材した。

口頭弁論で同館は「市には土地が寄付された歴史的経緯を考慮すべき」と主張した。これに対し原告・大阪市は「どのような経緯を経ていようとも、現在は原告の市有地である以上、原告は他の公有財産と同様、大阪市民一般の利用に資するよう本件土地管理、使用、収益又は処分する必要があり、原告が本件土地の来歴によって、特定の用途に管理、利用する義務を負うものではない」（原告第二準備書面）と述べている。

館の誕生の経緯から、大阪府政・市政とともに歩んできた。その社会的役割はふたつある。まず府と市の大きな課題である人権教育で重要な功績を果たし、施策目的と一致していたことだ。差別の生々しい歴史がここにあるが、橋下の決断と振る舞いはこれを一顧だにしない。さらにもうひとつの役割は博物館としての社会教育だ。教育行政は学校教育と社会人を対象とする社会教育の両輪がある。しかし、橋下の主張する子ども目線の路線はその社会教育を損なう。

橋下知事視察による展示リニューアルの後、「以前とはかなりかわっていたこともあり楽しく勉強できた」「子ども向けの施設としては、現在の方がよい」という意見がある一方で、「以前のインパクトのある展示の方がよかった」「ここにしかない資料がほとんどなくなった」「総花的になった」「多くの歴史的事実が削減された」「大阪の近代建築は目的が不明」「差別と関わりのない『大阪の紹介』は目的外」「前回の来館より、内容があまりにも様変わり、小学生向けになっていてショック」との意見も寄せられた（いずれも来館者アンケートより）。

リバティおおさかは誕生当時、唯一の人権博物館とさえ言われ、多くの資料も収蔵している。その機能を損なうことは社会全体の大きな損失でもあるだろう。

「私たちは口頭弁論において『当法人は不本意にも被告となりましたが、むしろこの裁判で問われる必要があるのは差別撤廃と人権行政を推進すべき責任を負っている提訴した大阪市の姿勢そのものではないか』と主張しています」。

大阪人権博物館学芸員の吉村智博は『市政研究』第190（二〇一六年一月）に寄稿した文でこう書いている。

「歴史的に蓄積され、現在も多くの人びとを苦しめている部落差別の克服をめざした多くの人びとの記憶に共有された場所でこそ、〝博物財〟たる当館が運営している現代的意義と社会的価値がある」（「大阪人権博物館の歴史的意義と現代的役割」）。

いま同館は決して多くない入場料と寄付金で運営されているが、その収入は激減し、その前途には厳しさがある。

リバティおおさかに対する攻撃は差別の歴史、人権思想に対する無配慮、否定と言っていい。しかし、これを社会思想、イデオロギーの点からのみ捉えたとき、こぼれおちてしまうものもある。橋下の攻撃は「暗い」といった感覚に根ざすもので、生理的な嫌悪感、拒絶感が根底にある。負の歴史の否定には、体感覚に根ざす「不快」の判断による拒絶が含まれている。否定の代わりに対置されるのは「明るさ」であり、これは「快」に置き換えられる。

歴史博物館は市民が集う公共空間のひとつである。橋下にとっての指標は、個人の価値観ではなく共有される感覚が「快」であることが善なのである。強いリーダーシップの政治は効率を常に掲げるが、その効率とは「快」の最大効用が終着点として想定されているようだ。

リバティおおさか、ピースおおさかともにその見直しは効率化が発端となっている。その目的は市民の税の最大活用であり、そこには「快」が具わってなければいけない。実際に差別される人々、戦争で被害にあった人々は「異物」としてその場からは排除される。イデオロギーの問題と捉えるなら、本件の問題の推移はあまりにも幼稚すぎる点もあるからである。

こうした要請がほかの場所、社会に満ち満ちてくるようでは、負の歴史を議論し、学ぶこともおぼつかない。こうした社会空間は異なるものが共存する「複数性」がないゆえに公共性を欠くものと言わざるを得ない。そして負の歴史の否定という公共性の喪失は公共施設だけでの現象でなく、より裾野が広い。

●――排除攻勢を受けた、強制連行追悼碑

博物館は公共空間だが、望む人があえて足を踏み入れる場所であり、日々の生活と直接の関係はない。しかし、日々の生活の場からも「負の歴史」の否定の動きがある。それは史実を伝える説明板に対するNGだ。内容の修整、あるいは撤去が各地で広まりつつある。

この生活の場での歴史排除のNGには幾つかの特長がある。まず市民のイニシアチブによる点だ。先の博物館や展示施設のケースと異なり、市民の告発が発端となっている。これを受け、管理責任を負う地域の教育委員会なり自治体が修整を加える、撤去するのが基本的なパターンだ。

二〇一四年、第二次世界大戦の末期に造営された地下壕の松代大本営の説明版の記述の一部がテープばりで隠されたことが報道された。もとの文面は「延三百万人の住民および朝鮮人の人びとが労働者として強制的に動員され突貫工事を持って構築したもので全工程の75％が完成した」。このうち「強制的に」がテープ貼りで隠された。

複数件のメールや電話の指摘への対処だが、隠された部分から強制性の記述へのクレームだとわ

かる。加藤久雄・長野市長は「テープで隠したのはお粗末だった」と釈明した（ウェブ「毎日新聞」二〇一四年八月九日）。

現在、説明板では「労働者として多くの朝鮮や日本の人々が強制的に動員されたと言われています」と史実の不明瞭さが補われている。さらに「なお、このことについては、当時の関係資料が残されていないこともあり、必ずしも全てが強制的ではなかったなど、さまざまな見解があります」と念を押すように史実の不確かさが強調される。

同年四月一八日には、奈良県の天理市の旧大和海軍航空隊大和基地（柳本飛行場）の跡地に市が設置した説明版が撤去された。ここには「『慰安所』が設置され、朝鮮人女性が強制連行された」などの説明があった。当時の朝鮮人被害者からの聞き取り文も含まれていたという。

松代大本営の事例は強制労働だが、柳本飛行場のほうは日本軍「慰安婦」に関するものだ。双方ともその主たる被害者は朝鮮人であり、加害者たる日本の軍部ないし日本人による苦役（肉体的暴力）や性労働（性暴力）の強制であるところに共通点がある。

ここで説明が必要だろう。日本帝国は一九一〇年に朝鮮（大韓帝国）を併合して植民地化するが、これにより朝日双方の人的移動が起こる。これが加速したのは、日本がのめり込んでいった対外戦争の兵站を支える産業活動のため労働徴用が行われたからである。これが強制連行と呼ばれるものだ。

一九三九年九月から朝鮮人の内地（日本列島）への集団的動員がなされる。これは募集、官斡旋、徴用と進展するに従い、強制性が増し、徴発も厳しくなっていく。この一九三九年から一九四五年まで日本本土に移動した「契約労働者」が累計で六六万七六八四名となる（「姜在彦『在日』百年の歴史」『環』二〇〇二年一一月号)。そこでの労働条件は危険と苦痛に満ちた過酷なもので、報酬もそれに見合わない低廉なもので、なにより職場離脱の自由がなかった。そのため、強制労働と呼ばれる。

日本軍「慰安婦」は強制労働の性労働版と呼ぶべき性格を持っている。同じように強制性を伴う招集により、離脱の自由のない性労働を強要された。慰安所の運営は民間によるものだが、軍人専用の施設であり、監督・統制は軍の管轄下にあった。さらに人身売買は国際条約違反でもある。

日本帝国では内鮮一体、一視同仁が唱えられ、天皇は八紘一宇の理想のもと日本と植民地の人々すべての臣民に平等を与えるものとされた。だが、そこには差別と収奪の実態があった。つまり朝鮮人の強制連行は理想の不実を証明する性格を持つがゆえに日本帝国を肯定するものに忌避されるのだ。行政による統制が史実に対する広範なものであるなら、市民からの忌避は史実のなかでもピンポイントで限定されている。日本軍「慰安婦」の少女像に対する日本のマスメディアの報道姿勢、ネット上の市民の声は反感が多い現状がある。公共空間における歴史認識の「異物」は朝鮮人の被害者に代表される感がある。それはその存在が決して日本人の心の中に歴史の「快」を許さないものであるためかもしれない。

さらに行政が歴史をどう捉え、どう処そうとしているか。その姿勢にも注視すべきものがある。

柳本飛行場の説明板は一九九五年の設置だが、二〇一四年二月以降、抗議の電話やメールが約二〇件寄せられたという。市は先に述べたように撤去に踏み切った。それは放置により強制性が市の公式見解とみなされるのを回避するためだ。市の公式見解は史実の説明が客観性にもとづく真実でなく、世論(市民の意見)との擦り合わせ、あるいは迎合で決まると認めたことになる。

福岡県飯塚市の市営飯塚霊園にある朝鮮人の追悼施設も抗議を受けた。これは追悼碑と納骨堂の無窮花堂で構成され、碑文に「ここ筑豊には15万人にも上る朝鮮人が炭鉱で過酷な労働を強いられ、多くの人びとが犠牲となりました」とある。かつて九州の筑豊地域は豊かな炭鉱資源を持ち、戦前は国家の大動脈の役割を果たした。施設はその増産のため犠牲となった朝鮮人を追悼するものだ。

日本会議の佐谷正幸・福岡常任理事を含む地元住民らは先の文章に抗議を行い、市営の霊園が「政治利用されている」場となっていることの不当さを訴えた。歴史の排除が市民の不特定多数でなく、自民党政権に近い政治集団の主導によるものでもあるのを物語る例だ。かれらは碑文の見直しのため施設の設置運営団体のＮＰＯ法人無窮花の会と協議するよう陳情書を市長と市議会議長に提出した。

市の菅成徹（すが・なるみ）都市建設部長は「歴史的な認識は一市町村の考えではなく、政府の動向に沿って考えるべきだ。市民の誰もが慰霊できる場所になってほしい」と述べた。市は見直しの協議を会に促した。

自治体は、博物館がそうであるように、史実への客観的な視点を持つ、あるいは真実の探求を行う責務がある。これは市民の意見とは別の次元にあるもので、公共的な性格を持つ組織に課せられた役割だ。この点から、また国に対し自律性を担保された地方自治の精神から言っても、日本政府の史実をないがしろにする姿勢とは毅然と一線を画すことが求められる。だが、実態は政権への忖度により責務を放棄する動きが生まれてきている。国が負の歴史を否定し、自治体もこれに倣うなら、地域社会においてさまざまな制度と制約と向き合いながら活動する市民の意識や意見に影響が出ないはずがない。

ほかにも、大阪府の茨木市では二〇〇九年夏に大阪警備府軍需部安威倉庫跡地の説明文、二〇一三年一一月に長崎市の平和公園の長崎原爆朝鮮人犠牲者追悼碑に対し、現状の変更に至らなかったが右翼系市民団体からの同じような理由の抗議が寄せられた事実がある。

真実の歴史を知ることは徐々に得がたいものとなりつつある。ここで留意したいのは、強制連行は朴慶植の『朝鮮人強制連行の記録』（未來社、一九六五年）を端緒に当初主に朝鮮人研究家、市民運動家の手によって調査が進められ、長らくアカデミズムが研究の対象としてこなかったことだ（吉澤文寿「《研究ノート》朝鮮人強制連行関連地域における市民運動の取り組み」『新潟国際情報大学国際学部紀要』一号、二〇一六年四月）。一九九〇年代になって、幾つかの賠償と謝罪を求める訴訟が起こったことで一般の間の知名度が高まり、アカデミズムでも取り組み始めた。歴史観のゆがみは、市民が真実を知ろうとする努力によって正されてきた。そして、いまなによりも必要でかつ期待されているのが市民の活動力なのである。

●――史跡の説明板に対する「偏向」攻撃

生活の場にあって過去の負の行いを伝えるしるしは排除されようとしている。各地の史跡の説明板に対する攻撃は、行政の主導ではなく市民自身のイニシアチブによるものだが、それはどのようなかたちで行われているのだろうか。ここでひとつの事例に焦点を当て、詳しく事情を掘り下げてみよ

群馬の森の一角にある「記憶 反省 そして友好」。群馬県朝鮮人・韓国人強制連行犠牲者追悼碑だが、碑に「強制連行」の文面はない。（撮影／筆者）

う。

市民の憩いの場、群馬県立公園、群馬の森の一角に金属と石で構成されたモダンな意匠のモニュメントが立っている。名を「記憶 反省 そして友好」という。群馬県朝鮮人・韓国人強制連行犠牲者追悼碑で、市民有志の寄付で二〇〇四年に設置された。この碑も市民からの批判を受け、地権者の群馬県は二〇一四年に土地の使用契約の更新をしないことを決定した。事実上の撤去通告である。設置団体、追悼碑を守る会は裁判所にその不当さを提起した。ここではその事務局の神垣宏氏に取材し、本件のあらましを取材した。

この追悼碑は設置当初から批判を受けていたわけではない。地域の思想信条を超えた協力関係により生み出されたのだが、その調和が崩れたのはここ数年の出来事になる。

追悼碑を守る会はアクション50が前身組織。戦後五〇年を契機に過去の戦争で日本帝国がアジアの人々に対して冒した罪科を検証すべく市民有志で結成された。強制労働の実態を特に丹念に調査し、群馬県全体で朝鮮人が約六〇〇〇人、中国人が約九〇〇人強制連行・労働を強いられたことを明らかにしたのは大きな成果のひとつである。

この強制労働については、二〇〇四年の日韓首脳会談で小泉純一郎首相が犠牲者の遺骨の国内調査を約束した。調査を求められた自治体の報告を集計すると総数一七二〇体にのぼったが、研究者の死亡推定数は数万人。数の開きは熱意の低さを物語るものでもある。群馬県はゼロと報告したが、会の調査によると五〇人という。

群馬には中国人の犠牲者の慰霊碑はあるが、朝鮮人のものはないことから建設の話が起こった。追悼碑は石碑のほか金属製の塔で構成される。塔にはガラスがはめ込まれてスリットのようになっており、朝鮮半島の方角が臨める。「異国」の地で不幸な死を迎えた霊の望郷の念に報いる趣向だ。

「自民党の県議会議員で沼田市の市長を長らく務めた、星野巳喜雄という地元の有力者がいます。彼が自民党をまとめあげ、県議会で建設と土地の無償使用の承認が通ったんです。沼田市はそのまま残留した在日の方がけっこう住んでおり、彼自身もアジアと日本の関係、特に朝鮮のことを勉強していたと聞いています。そんな人もいるのです」。

実は碑文に「強制連行」の文言はない。県との交渉による妥協の産物だ。「政府の労務動員計画により、多くの朝鮮人が全国の鉱山や軍需工場に動員され、この群馬の地においても、事故や過労などで尊い命を失った人も少なくなかった」と記載されている。これは歴史の真実からやや隔たりがあるが、地域社会で受け容れられる素地ともなった。

「共存」が壊れ始める発端は二〇一二年、追悼碑の前での式典の様子がインターネットで公開されてからだ。「碑文が反日的だ」との苦情が県に寄せられるようになった。それが街宣活動、果ては抗議行動で公園職員との小競り合いにまで発展した。活動の中核は関東が拠点の女性グループそよ風で、在特会が支援した。在特会とは、排外主義と国家主義を掲げる全国的な組織を持つ右翼市民団体。大久保のコリアンタウンでの罵声と差別語で威嚇するヘイトスピーチの示威行動がよく知られている。

この騒ぎにより、追悼碑の前での集会ができなくなった。翌年、県知事がそれまでの追悼式典での発言を問題視し始めた。会や来賓の発言が「反日的」というのだ。具体的には「強制連行の事実を全国に訴え、正しい歴史認識を持てるようにしたい」（猪上輝雄、当時の事務局長）、「日本政府は戦後六七年がたとうとする日においても、強制連行の真相究明に誠実に取り組んでおらず、民族差別だけが引き継がれ……」（崔光林、朝鮮総聯群馬県本部委員長）などがあたる。

大澤正明県知事は契約更新の条件として現場で日本批判の実情の報告を詳しく求め、来賓の発言に対して制止行動などの適切な対処をしたかを問いただした。会はこの詰問じたいが不当だと抗議を行った。その間、右翼団体による県議会へ撤去を求める請願書も三つほど出された。二〇一四年には県議会で設置許可取り消しを求める請願すべてを採択。県知事は二〇一四年七月二二日に会の設置期間更新の申請を不許可とする決断を行った。

「朝鮮学校の無償化の問題、朝鮮に対する敵視など、政府の朝鮮と在日への政策に対する批判発言が問題視されました。右翼団体の執拗な働きかけに県議会の若手議員が同調して、これに引きずられるかたちになりました。ここは自民党が強い保守王国。碑の建立に協力してくれた自民党の議員もいますが、日本会議の中央議員連盟の強い影響がもたらしたこの動きに沈黙を守っているのです」。日本会議とは国家神道を奉じ、大戦中の日本帝国のような挙国一致の全体主義体制の実現を目的とする政治団体だ。構成員に多くの代議士を有し、第二〜四次安倍政権の閣僚の過半がメンバーと言われ、政治的影響力は大きい。

負の歴史の否定は市民による運動だが、そこには自民党政権に近い市民団体の力が大きく働いている。市民の自発的、自生的な動きではあるが、為政者の意を汲んだ勢力が使嗾する面も大きい。

さて、追悼碑裁判はどのような争点で展開されているのだろうか。被告＝県側は不許可処分の理由をふたつあげている。ひとつめが、当初の設置条件「政治・宗教的な利用の禁止」がある。式典発言がこれに違反し、「日朝・日韓の友好推進に有意義なものという当初の目的からはずれてきた」とされる。この文章中に既に矛盾が含まれている。それは三ヵ国の関係の根底に深刻な政治・社会的な問題を抱える中で、政治・社会的な議論を行うことが友好推進を妨げるという認識である。ふたつめは、「追悼碑は存在自体が論争の対象」であるため「憩いの場である都市公園」に不適当だというものだ。

これに対し、追悼碑を守る会はふたつの点から反論している。ひとつめは、政治的発言で追悼碑じたいの価値が損なわれることはないこと。追悼碑の存在意義は自律したものであり、式典などで発生した問題は二次的なことでしかないという主張だ。

ふたつめは、紛争の危険は公権力によって防止すべきこと。これはよく「敵意ある聴衆の法理」と呼ばれる。公権力は違法な妨害を排除して表現を守る義務があり、警察力を持ってしても安全が物理的に確保できないときにのみ制限を命じることができるというものだ。

原告＝追悼碑を守る会の主張では、これに併せ、パブリック・フォーラム論の援用も述べている。これは公園などの「一般公衆が自由に出入りする場所」は言論や表現の自由の発表において社会的に重要な機能を持っており、その権利は可能な限り優先すべきというものだ。アメリカの裁判などで認められた法理論だが、日本ではいまだ充分に保証されていない。

裁判では、被告＝県は書面のみの回答で法廷に出席しての意見陳述は一切ない。いわば高をくくった態度である。市民の信任を得た自治体行政に許される姿勢ではない。本件は地裁における守る会側の一部勝訴（県の不許可処分の取り消し）の結果となった。県はこれを不服として、控訴している。

別件だが、会の神垣氏より群馬の政治の無視できない暗部を聞いた。

「群馬の前橋市は護国神社への奉賛金を出していて、靖国問題に取り組んでいる仲間が問題視し、裁判を起こしたんです。直接にではなく社会福祉協議会というトンネル組織を経由するかたちで神社に献金していました。行政に監査請求をして三回くらい口頭弁論をしましたが、最後は市議会議長が間に入って和解を申し込んできました。護国神社は全国に分布しています。各地でやられているのではないでしょうか」。

護国神社とは国家への殉職者を祀るため、戦前に作られた神社で各地にある。靖国神社と似ているが、警察官や消防士も祀られた点が異なる。戦後、殉職自衛隊員が祀られることがなおも続けられている。これが遺族の承諾を得ずにされ、訴訟問題になったこともある。行政の護国神社への献金は、もちろん憲法が定めた政教分離に違反する行為だ。

関連する事件として、二〇一七年四月に追悼碑を模した作品（白川昌生《群馬朝鮮人強制連行追悼碑》）が群馬県立近代美術館の「群馬の美術２０１７」展に出品されたが拒否に合い撤去された。ただし説明の詳細は省くが、本作は作品の性格から主題が強制連行そのものではなく、最近の追悼碑の撤去問題という時事的な題材であることは指摘したい。

本件に関し社会の関心は決して高くないが、公共空間の秩序なり自由という全体に関わる危機でなく、特定の歴史問題に事件が矮小化されて受けとめられているからではないだろうか。ここでも歴史という「政治」が市民の生活にとって遠いものとされ、向き合い、学ぶことからは遠ざけられている。

負の歴史を地域に活かす試み

歴史が市民の日々の生活にとって縁遠いものであるなら、経済にとっては無縁、あるいは有害なものと捉えられているかもしれない。行政サービスが橋下徹にとって市民の快の最大効率という数値化の思考で捉えられたこととなかば似て、歴史も単に経済効率の点から推し量られようとしている。

二〇一五年にユネスコの世界遺産に登録された史跡に「明治日本の産業革命遺産」がある。これは九州を中心に各地に点在する、明治期初期から戦争末期まで日本の重工業とエネルギー産業の施設群で、炭鉱も含まれている。

「日本は非西洋諸国で初めて産業革命の波を受容し、僅か50年余りで植民地にならずして自らの手で産業化を成就した。明治日本の産業革命遺産は世界史における類い稀な局面を証言する遺産群である」。

かつて公式ホームページを飾ったこの文からは「アジア唯一かつ最大の産業立国」だった自国への誇りを見て取れる。しかし、たとえばここに強制連行の記述はない。この遺産の歴史には劣悪な労働条件による多くの犠牲者が含まれ、そこには朝鮮・中国からの強制連行の労働者もいる。こうした負の歴史の視点は昨今特に排除されつつある。ここにあるのは自己批判の視点を持たないナショナリズムである。

さらに経済的利害の問題も付け加わるだろう。遺産登録には行政と市民の大きなエネルギーが注がれたが、これは国民の名誉心だけでなく、観光収入という実利をもたらすからでもある。集客に貢献する情報が尊ばれ、それは史実の光の部分のみであると多くの人びとは思っている。過去の悪行を暴くことは地域社会の経済、地域おこしに仇なす行為とみなされる。ここには、観光とはときに訪問者が影のことがらを知る学びでなく、情報摂取によって自尊心を満足させる「快」と捉える視点がある。

海外にはアウシュヴィッツなどの負の史跡を訪問し、歴史の教訓を学ぶダーク・ツーリズムがある。日本でもこの言葉が徐々に広まってきた。しかしこの「ダーク」つまり「負」は史実における「不幸」のことと理解されているようで「罪」ではない。たとえば松代大本営は日本人が堪え忍んだ苦難であり、被害であることが望ましく、ここに朝鮮人への加害という罪が加わるのは好まれないのだ。

だが、こうした潮流に抗う試みもある。これから紹介する事例が旧来のいわゆる「左翼」「リベラル」の路線と異なるのは、戦争遺跡を文化財として保存し、活用しようとする市民運動であることだ。それは館山を拠点としたＮＰＯ法人安房文化遺産フォーラムの活動だ。同ＮＰＯは歴史ツーリズムに取り組み、地域の歴史資産を歴史ロマンから戦争の被害や加害まで網羅的に扱う。このツーリズムの振興により地域おこしに役立てている。

館山は戦略上の要衝に位置する。戦前は日本軍の一大軍事拠点で、いまも自衛隊の基地があり、その軍事上の役割は変わらない。ＮＰＯのピースツーリズムのツアーでは、この館山に残された史跡、赤山地下壕、戦闘機用掩体壕（戦闘機を目立たないよう隠す施設）、特攻艇「震洋」基地、アメリカ

ＮＰＯ法人安房文化遺産フォーラムのピースツーリズムのメニューのひとつ、江戸時代の日朝の交流を物語る大巌院四面石塔（ハングル面）。（撮影／筆者）

同じくピースツーリズムの赤山地下壕跡。取材時は韓国からの視察ツアーに同行。（撮影／筆者）

占領軍上陸地などの戦跡を巡覧する。戦争の犠牲者となった日本軍「慰安婦」（日本人）を追悼する「噫（ああ）従軍慰安婦」石碑も見ることができる。

ツアーのメニューには、曲亭馬琴の『南総里見八犬伝』ゆかりの館山城、近代洋画家の青木繁が訪れた旧宅「小谷家住宅」、江戸期の朝鮮通信使の修交を記念するとともに秀吉の朝鮮侵略で亡くなった日朝双方の犠牲者を慰霊する大巌院のハングル「四面石塔」もある。まさに多種多様である。

同ＮＰＯはこれらを総称して「館山まるごと博物館」と呼ぶ。二〇〇九年には国土交通省の「新たな公」によるコミュニティ創生モデル事業にも選定された。顧客は一般客よりも団体客だ。議員（自民党も）、行政、学校教育、児童民生委員、労働組合、宗教団体、生協、まちづくり関係などのツアーの申込みが殺到する。このユニークな試みがどのような動機で始められ、何をめざしているのか。ＮＰＯ代表の愛沢伸雄氏に取材した。氏は元々高校の歴史の教師だったという。

「戦争を体験した人の言葉、当時を語る遺物などを子どもたちのため文化財として残そうと活動を始めました。郷土研究部の顧問だったのですが、学校で一番扱いやすいのは校史。学校が戦争中どうだったのか、聞き取りや資料調査を始めていきました」。

歴史教育は文科省の学習指導要領とともに検定制度によってチェックされている、近代史を教えるさい特に歴史認識問題のあるテーマを取り上げると「政治的な偏向」とみなされる窮屈な現状がある。しかし地域史、校史は指導要綱にはない自由な領域だ。そうした研究活動を積み重ね、戦争にまつわる埋もれた多くの地域史が浮き彫りになったという。

「沖縄戦のとき女学校から看護のため動員されて自決したひめゆり部隊がありますよね。私の勤めていた安房南高校には比較的資料が残ってまして、調べていくと同じものが作られたと推測できるし、実際証拠の資料が出てくる」。

敗戦後、アメリカ軍が初めて本土に上陸したのもここ館山だったという。千葉版ひめゆりの悲劇が起こりえた理由である。先の赤山地下壕も残った公文書は一切ない。戦争終結直後、軍人や役人は証拠隠滅の書類を焼却したという。たとえば館山海軍航空隊では数日間、その煙が絶えなかったと聞く。だが史跡の実地調査、周辺の住民に聞き取りをすることで多くのことがわかってくる。

「私が調査しないと誰も言わなかった。館山は徹底した軍機保護法に置かれていましたから、戦後五〇年経っても誰も口外しなかったんです。負の遺産と言われる戦跡を文化財として認めることは、地域の活性化にもつながると思います」。

館山は古くから水産業が栄え、多くの文化人や企業人を輩出した先進地域だったが、鉄の軍律が支配する軍港でもあった。いまも海上自衛隊の館山航空基地がある。戦前戦後を通じて軍事上の要衝として機能するだけに、史実は単に過去に属するものでなくそのまま現在に直結する重みを持つ。千葉県は全般的に保守の強い地盤だが、「軍港」で「ピースツーリズム」を主張する困難は想像以上だろう。

愛沢氏の活動は地域の歴史掘り起こしから歴史を使った地域おこしへ展開していったわけだが、その過程ではいまの多くの地域が抱える課題にも直面した。『八犬伝』ゆかりの史跡、稲村城跡が市道建設計画で破壊されることがわかり、保存と史跡化を求めて市民活動を展開したことだ。

「文化財を壊さないように計画を変更してほしいと運動を起こしましたが、けっきょくバブルがはじけて開発は変更となり、稲村城跡は国指定史跡になりました。今になってみれば開発推進派も私が地域振興に貢献したことを認めています。行政の予算のスパンは五年、一〇年。でも、私は一〇年、二〇年のスパンで文化財保存運動をしています。行政と向き合っていくには、市民活動として進めないといけない。そこでＮＰＯ法人を立ち上げたのです」。

国土開発は熱が冷めれば、その弊害が露わにもなる。けっきょく、愛沢氏の視点が先の時代を見据えたものであったわけだが、それは世界史教師の持つ俯瞰的な視点のなせる技だったかもしれない。これは物事を相対的に見る柔軟性にも通じるが、幅広い層の要求を満たす多方面、盛りだくさんの史跡ツアーの企画にも現れている。とかく戦跡を扱うことは、花と海の明るい観光地のイメージを損ねると思われて、一般市民や商工関係者からは敬遠されていた。しかし、逆転の発想も可能なのだ。

「観光は人が来ればとにかくＯＫなんです。郷土史に興味があり城跡保存に関わる方はどちらかというと保守。戦跡の保存を求める方は革新。水と油のようなところがありますが、私は文化財保存とまちづくりという点で両方をくっつける役割をしたのです。中世の城山が、近代の戦争では砲台山になるように、歴史は重層的になっています。負の遺産も地域の歴史の一コマなんです。それを活かすのは教え子を再び戦場に送らないことにもつながります」。

いま社会に蔓延しつつある負の歴史に対するＮＧに抗し、学びを伝えるための貴重な示唆がここにあるように思う。

第6章　一元性の圧力が教育を殺す

●——国旗と国歌が奪う大学の自律性

負の歴史の排除は、真実を探求するという学びが損なわれることでもある。この学びは自由が保証されることで初めて成り立つのだが、さまざまな教育の場に加えられる強制がこれを阻害している。この強制もNGのあらわれのひとつである。

教育は学生を対象とする学校教育、それ以外の人々全体を対象とする社会教育のふたつがある。まず学校教育から見ていきたいが、児童が対象の教育は発育に必要な「しつけ」とも不可分でもあり、問題を明確にするため大学教育に絞ってみていきたい。

大学の自由に対する阻害はみっつに分類できる。ひとつめが政府による大学の活動への干渉、ふたつめが大学に対する社会（市民）からの告発、みっつめが大学による教員と学生への統制である。

ひとつめは、国旗掲揚と国歌斉唱の強制があげられる。二〇一五年四月、安倍晋三首相は参院予算委員会で国立大での国旗と国歌の扱いにつき「税金によって賄われるということに鑑みれば、教育基本法にのっとって、正しく実施されるべきではないか」と述べた。二〇一五年六月、これを受けて下村博文文科相は国立大学の学長会議で「長年の慣行により国民の間に定着していることや、国旗・国歌法が施行されたことも踏まえ、適切な判断をお願いしたい」と述べた。これは「各国立大学の自主判断」と保留はあるものの実質上の要請だ。後任の馳浩文科相は二〇一六年二月の記者会見で「日本人として、国立大として(不徹底の現状は)ちょっと恥ずかしい」と述べている。

この件でウェブ「毎日新聞」が全国に八六ある国立大に対しその実施状況を調査した。二〇一六年春の式典で国旗を掲揚したのは七六大学で、四大学が大臣要請後の対応。同じく国歌を斉唱したのは一四大学で、六大学が事後対応、五大学は斉唱でなく演奏や歌手による独唱で対応、との結果が見られた。五大学は両方とも行わなかった(「毎日新聞」二〇一六年五月一日)。

この問題は教育行政の流れから捉えるとわかりやすくなる。安倍首相は教育基本法に言及しているが、同法は二〇〇六年一二月に改定された。旧法は普遍性を志向し、平和の尊重をうたったが、新法では薄れ、伝統の尊重と国家への貢献の色彩が強くなった。それは主語が「われら」から「我々日本国民」に置き換わったことからもわかる。前文は「普遍的にしてしかも個性ゆたかな文化の創造をめざす教育」が「公共の精神を尊び」「伝統を継承し」に変えられ、教育のあり方が「我が国の未来を切り拓く教育」と定められている。国家主義への傾斜であり、そのあらわれのひとつが本来自律性が高い大学に対する国旗掲揚と君が代の斉唱の圧力である。

旧法は理念法だが新法は振興法で、教育施策の具体化を計画できるものだ(大串隆吉『社会教育入門』

有信堂)。いわばそれだけ拘束性が強い。統制色の強いこの新法への改定は第一次安倍政権下で行われた。

国家の権威への盲従の強制、あるいはタブー視は自由で客観的な研究を削ぐことになる。これは国立大学に対してで私大は直接関係ない。しかし、自治体によっては国の意向を窺い、史跡の説明板の内容の改ざんが行われている。私大の研究に対する圧力としても機能するだろう。

ふたつめの大学へのNGは、市民からの告発だ。二〇一四年四月二八日に、広島大学の一般教養科目の授業「演劇と映画」で韓国のドキュメンタリー映画『終わらない戦争』が上映された。これが「産経新聞」に受講学生の「いつから日本の大学は韓国の政治的主張の発信基地に成り下がってしまったのか」というコメントとともに掲載され批判された(二〇一四年五月二一日)。映画の主題は日本軍「慰安婦」だ。

事態を重く見た広島大学教職員組合は「大学における学問の自由に対する重大な侵害」、さらに外国籍の教員への差別にも当たると抗議の意を表した。日本科学者会議広島支部幹事会も抗議声明を出した。当の大学は大筋において授業に問題ないとするも「授業の進め方で改善を要する点があった」と反省も示し、補足説明と質疑応答を設けることで対応した。

みっつめは、大学が管理統制側に回り、教員や学生の自由を冒す事例で、これも近年多発している。二〇一五年、放送大学の単位認定試験で問題文が大学側の一方的な判断で削除、修正された。これは「日本美術史」の試験で、戦前・戦時中の美術作家の去就について国会で審議中の安全保障関連法案とからめて論じたもの。「現在の政権は、日本が再び戦争をするための体制を整えつつある」「表現の自由を抑圧し情報をコントロールすることは、国民から判断する力を奪う有効な手段だった」などの文が問題視された。大学はわずか一件だけの苦情を理由に五行分を一括削除した。

本来担当教員に裁量権があるが、大学側は放送大学は一般大学と性質が異なり、放送法に求められる公平性を遵守する必要があったとした。抗議として客員教授をその年度いっぱいで辞任した佐藤康宏はこうコメントした。「学生に美術史を自分のこととしてリアルに考えてほしかったので、この文を入れた」（ウェブ「毎日新聞」二〇一五年一〇月二〇日）。

二〇一二年には演劇評論家の鴻英良（おおとり・ひでなが）が、専任教員として就任予定の日本映画大学から誓約書提出を要求され、抗議した。誓約書には、「学内において一切の政治活動を行わず」との遵守条項が記されていたからだ。

鴻側は「芸術と政治は歴史的に極めて密接な関係があり、芸術表現の講義を行うに際して政治的な表現行為をすることは避けることができません」と大学に通知書（要求書）を送った。大学の返答はこうだ。「一般的な社会通念によって解釈すべきもので、講義に際しての鴻殿の『表現活動を極度に萎縮』させるものでも『表現の自由及び教授の自由の趣旨に反するもの』でもありません」。高をくくった対応である。

いまは見る影もないが、一九七〇年代の映画界は作家も評論家も政治性がことに強く、日本映画大学の学長の佐藤忠男（いまは名誉学長）もそうしたひとりとみなされていた。鴻のショックは大きく、彼は教員就任を辞退した。

学生に対する統制も起きている。二〇一五年六月、上智大学で展示会「記憶、保存、そして継承〜

日本の歴史歪曲に反対する」が中止となった。主催団体は「日本の歴史歪曲を許さない！在日朝鮮人大学生連絡会」。不許可は手続き上の不備だが、内容にも問題があると指摘もされた。「政治色の強いもの、あるいは特定の国を『批判』するような内容は、『国際色豊かな』学生が集う上智大学には不適切である」と言われたという（会のウェブサイトより）。この場合、国際色に反する特定の国の批判とは日本に対するものだ。

自由な研究、活動、言論を損なう動きの強まりは学問そのものを枯死させはすまいか。

●――大学の自由の危機が意味するもの

大学における学問の自由の危機はどのような意味を持つものだろうか。国立大学への国旗掲揚と国歌斉唱の圧力の動きに抗議を行った「学問の自由を考える会」は国公私立の教員で構成される組織だ。この会代表の広田照幸氏に現状と背景について取材をした。

本会は二〇一五年四月に教育学、政治学、憲法学の学者らを中心とした三三名で立ち上げ、賛同人を五月の末までに三〇〇〇人を集めて六月五日に要望書を文科省に提出した。四月に安倍首相の教育基本法に則るべきとの発言、六月に下村文科相の適切な判断の要請の発言があり、そうした動向への対抗活動だ。声明文は、大学の知が普遍性を必要とする、大学は自由な研究のため国家権力からの自律を必要とすることを掲げている。

「会が主張したのは、日の丸、君が代がけしからんというのでなく、政府が国立大学に教育のあり方について要請すること自体がルール違反だということです。戦後の教育改革のさい、大学の研究は自律性に任せるところからスタートしています。大学が自由な知であるためには政治によってコントロールされてはならないというのは戦後の共通認識でした」。

このあたりは少し補足しよう。戦前、日本帝国は経済的な恐慌から活路をよりいっそうの膨張主義に頼ろうとした。植民地の満州国の建設がその一例だが、国内は言論と思想の統制色を強めていった。その例に国家権力から睨まれた法学者、滝川幸辰が京都帝大（京大）の教授を免官された滝川事件（一九三三年）がある。戦後日本の教育はこの学問の自由への弾圧の批判からスタートした。

大学で研究する学問と人々の歴史認識なり政治意識にはだいぶ隔たりがある。大学は社会のなかでどのような役割を担っているのだろうか。

「思想信条や集会結社の自由は、まず自由な知、自由な思想を生み出せることが前提となります。次にこれは大学人の特権の問題でなく、社会の設備的条件、インターフェースに関わってきます。いまの政治や経済を動かしている言葉は、すべて学問のフィルターを通して社会にフィードバックされたものです。多くの先人、たとえばルソーでもマルクスでも誰でも、いったん大学がこれを引き受けて咀嚼し、色々な分野の知に流し込んでいるのです。大学が作ってきた知はいわばレンガのようなもの。これをみなさんは自由に組み合わせてものを考えたり、ものが生み出されていきます。だからこそ極力自由が保障されるべきなのです」。

この大学の知はどのような経緯からいまのような危機に陥っているのだろうか。

「まず一九九〇年代に大学に対し評価制度を作ることで質の改善を要求するネオリベ的な改革があり、そこで大学の自由の外堀が埋まった感があります。しかしネオリベ改革は授業内容に関して無知だし、関心はなかった。財政効率が目的でしたから。そこに安倍という超右翼的な政権が出てきて、変えようという色気を出してきたのです」。

では、なぜ安倍政権が変革を可能にしたのか。そのあたりはこみ入った制度的変質があり、氏の論文、談話を元に読み解いていこう。

ここ二〇年ほど、官邸主導、首相トップダウン型の政治への移行が進んでいる。その先鞭は橋本龍太郎内閣で、小泉純一郎内閣ではこれが本格化した。経済財政諮問会議が「改革の司令塔」の役割を果たした。民主党政権下では国家戦略局も同じ手法をめざしたが、こちらは党中央と各省庁に派遣された政治家との連携が十全でなく、政策実施のための省内調整と実行力を発揮できなかった。これは民主党の下野につながった。

第二次安倍晋三内閣が各省庁をうまく統御下に置いたのに幾つかの理由がある。ひとつめに、自民党内の反対分子を抑え、党内支配力を強めたこと。ふたつめに内閣府の設立で政策形成能力を高め、命令権を強めたこと。みっつめに、内閣人事局の創設で、人事権によって各省庁の支配力を強めたこと。よっつめに、安倍政権の支持率の高さ。いつつめに、長期政権のため役人の保留や時間稼ぎが通用しなくなり実現性が高まったことだ（広田照幸「教育課程行政をめぐるポリティックス」『教育学雑誌』第50号、二〇一四年一二月一〇日、日本大学教育学会　など参照）。

文科省については、下村博文文相の存在が大きいという。自民党が与党に返り咲く二〇一二年の総選挙直前、安倍晋三は来る政権を睨んで教育再生実行本部で方針をとりまとめたが、そのときの実行本部長が下村だった。文教族の中でも政策通の彼が作成し、文科相に就任したことで官僚も従わざるを得ず、いま推し進められている統制色の強い教育行政が可能となった。

「文科省の役人は自民党よりリベラルです。一八歳に選挙権を与えるさい、(学外の)政治活動の許容の措置はかれらから出てきた。文科省ではさすがに安倍のような世界観を持った人は余りいないと思います。安倍政権に尻尾を振る人、もうちょっとリベラルにやりたい人のふた通りがいます。左翼は自民党と文科省をイコールで結んでいますが、全然違います。教科書検定もかれらは押しつけられて動いているんです」。

ここで論点を整理してみよう。そもそもの流れは官僚ではなく行政主導の政治潮流から来ており、それは効率重視のネオリベラリズムと歩調を揃えるものである。それは無色透明のように思えるが、反動的な政治思想を伴うかたちで進んできた。

戦後の教育は国家への収斂を否定する普遍主義、子どもの自由意志の尊重と人権の配慮を主軸にしてきた。それをこれまでにない強い力でねじ伏せようとする存在が安倍政権だが、圧倒的な民意に支えられた強靱さがある。先の橋下徹による大阪の博物館に対する攻撃の例も同種のものだ。多くの市民が支持する強いリーダーシップの政治がもたらす弊害だ。

さて、当面の動きとして、大学の自由を損なうことで何を安倍政権は目論んでいるのだろうか。

「自民党の人たちは一部の人たちだけがグローバル化すればいいと思っている。だから大衆は日の丸・君が代でOK。一部の有能なグローバルエリートはグローバルスタンダードでいけばいいと。国際性を持った愛国者でいこうというのがかれらの考えです」。

適度な愛国心は人や社会、国を動かす原動力にもなり得る。しかしそれには自己を省みる客観性や理性によるバランス感覚が不可欠だ。国際的に広く認知された史実をないと言い張り、他国と不協和音を生みだす人物が国を引っ張る良きエリートたり得るだろうか。

学問の自由を考える会のパンフレットともいうべきブックレット『学問の自由と危機』には興味深い論考がある。石川健治は「天皇機関説事件80周年」で教育の現場における日の丸・君が代の強制に異を唱え、「公共空間が色つきになれば、そのようにして演出される公共が、私人の内面的な精神の自由にも間接的な制約を及ぼすという構造は、否定され得ません」と記している。しかし、彼は一方でこうも書いている。「いわば無色透明の公共については、それに対する国民の情熱や献身が生まれにくい」「こうした構造のもとでは、放っておいても活力のある公共空間が維持されるわけではなく、むしろ公共がやせ細ってゆくのが自然です」。

国の成り立ちが異なると公共性の性格も大きく変わる。市民革命の歴史を持つフランスでは共和制を掲げ、政治的な自由の保障が至高とされる。宗教の持つ社会習慣とも決して馴れ合おうとせず、峻拒する。独立革命の歴史を持つ移民の国、アメリカでは民族や家族的出自による差別を公共の場ではとことん嫌い、機会的な平等を日常生活にまでも求める。自由や多様性の色彩を公共空間が帯びることで社会的統合が成り立っている国々もあるのだ。

これに対し、戦後の日本では権力と距離を置いた無色さ、ニュートラルさが自由と平等の証左とされてきた。しかし、むしろ「無色透明」であることの苛立ちが強まってきた。無色透明はアパシーやニヒリズムにつながり、強い価値なり行動原理を生み出さないからだ。

強い色彩を持つ国家主義に人々が魅せられつつある理由だ。

「EUでは同じ愛国者であっても、連邦からの残留希望者もいれば脱退希望者もいる。一色にならないところがいい。公共空間は雑然としていて対立を含んでいますが、それを維持することが大切。混ぜてはいけない。保守とリベラル、左翼と右翼、どちらも必要で線引きしてはいけない。一番いけないのは優勢な側が相手を線引きすること。政治上のライバルはエネミー（敵）ではなく、殲滅してはいけない。しかし、それをやろうとしているのが安倍政権」。

大学の自由の危機は時の政権の締め付けだけでなく、市民からの攻撃も多々ある。これをどう見るべきだろう。

「よくいわれる偏向教育ですが、そんな法律用語はない。法令違反であれば問題になりますが、そうでないのですから違法性を問う法的根拠がない。これは小中高の教育でも同じです。法令が問題なのでなく、市民の日常感覚で適切なもの、適切でないものを恣意的に選んで攻撃する。批判されたら単なる対処で動いてしまっているのがやっかいなところですね」。

政府や市民の意見に配慮、忖度し、萎縮するのでなく、専門機関、専門家の矜持を持って毅然と理を説く。ここに自由を守るための手立てがある。当面、学問の自由を考える会は事態はどう動くかを見守るべく静観中という。

●──外国人学校と教育の自由のあり方

国家への忠誠の強制は思想統制であり、教育の自由を阻害する。だが、教育をもっとも阻害するものは金銭的な負担、苦境だろう。日本で学生、学童にもっとも金銭的な保障が欠けている学校は何だろうか。それは外国人学校だ。この存在の無視も学びに対するNGと言えるだろう。

日本人が通う学校と異なり、外国人学校への国の補助はない。地方自治体による補助はあるが地域によりまちまちな状況だ。いまは改善されたが、一九九四年まで通学定期は学割にならず、高校野球やインターハイの出場もようやく同年になって可能になった。

こうした「格差」は外国人学校のほとんどが学校教育法に規定される一条校でなく、各種学校として扱われているところからきている。一条校は、文科省の定める学習指導要綱に準拠、文科省検定済みの教科書を使用、日本語を国語とすること、教職免許を保有する教員、などの条件をクリアした学校のことだ。

学習指導要綱は日本社会の慣習に則った授業カリキュラムで、地理や歴史も日本が中心となる。民族教育は学習指導要綱を履修した上でのわずかの授業時間しかあてられない。自分の国の文化、言語を中心に学ぼうとすれば一条校を放棄しなければならない。

日本に住んでいるから、外国人でも日本語、日本の歴史、日本の習慣を中心に学ぶべき。こうした考えが、自国（社会）の文化の学習を主軸とした外国人学校の教育環境の充実を阻んでいる。だが、国際社会は日本のこうした自民族の価値観を優先する教育方針を批判する。国連社会権規約委員会は、二〇〇一年八月に日本の教育事情に対し改善勧告を行っている。特に在日韓国・朝鮮人のための民族学校の財政的援助と大学入学資格の認定の必要も列記している。

戦後長らく外国人学校は、戦前から日本に居住する「異民族」で最大多数を占めた朝鮮人の朝鮮学校とほぼ同義だった。その後、韓国や中国からのニューカマー（戦後の来訪者）、インドやほかのアジア諸国からの移民、ブラジルやペルーなどの南米系の移民も加わり、問題は多国籍化した。ムスリム移民の話題も徐々にのぼるようになった。

日本には「在留外国人」が二四七万一四五八人おり、そのうち中長期在留者数は二二三万七一六〇人、主に朝鮮半島由来が主体の特別永住者数は三三万四二九八人。「在留外国人」の筆頭はいまや中国人で七一万一四八六人、二八・八％を占める（「平成二九年六月末現在における在留外国人数について」法務省）。このほか、日本国籍を取得した人々もおり、その家庭の子どもが出自の民族文化を学ぼうと外国人学校に通うケースも多い。

非一条校の「外国人学校」は一三三校、生徒数は二万九三五九人（『学校基本調査報告書　平成29年度』）。外国人学校の中には法的に未認可も多く、全体のほぼ半分を占める。この二倍に一条校認定の韓国学校など一部の学校数を加算すると実態の総数になる。学校数の割合は、欧米・南米系が六二・四％、アジア系が三七・六％。アジア系は朝鮮学校が突出して多く、その次が数はめっきり減るが中華学校だ。教育形態はふたつあり、特定の民族の言語と文化を学ぶ民族学校（ナショナル・スクール）、国際共通語である英語を基準とするインターナショナル・スクール（国際学校）だ（朴三石『外国人学校』中央公論新社）。

外国人の居住数の増加から、外国人学校の権利拡張は無視できない状況にある。そもそも欧米では外国人学校の教育の多様性は広く保障されている。しかし、日本の公教育でポルトガル語やアラビア語を母語に採用する多文化教育が認められる機運はまったくない。これは教育の原理が一元的であるべきか、多元的であるべきかという問題でもある。いまの一元的なありようからすれば、嘱望されながら実現できていないフリースクール（認可校ではない私塾のような授業形態）やホームスクール（在宅授業）などの自由な教育形態もまた否定の対象だとわかる。

ここで外国人学校とそこに通う少年少女の実情をさらに掘り下げてみよう。ＮＰＯ外国人学校ネットワークかながわなど様々な活動を行ってきた、在日コリアンの裵安（ぺいあん）氏に取材した。彼女の活動のひとつに「あーすフェスタかながわ」での活動がある。横浜市本郷台のあーすぷらざで開催されるもので、神奈川在住のさまざまな民族・文化的出自の人が参加。屋台やバザール（露店）、多文化について考えるフォーラム、民族舞踊の上演、ワークショップ、外国人学校生徒による「ティーンズフォーラム」もあった。日本人も交じり、国境を取り払って市民が心をひとつにした温かさのようなものが訪れたときに感じられた。

国際色の豊かな地域住民のフェスティバルは各地であるだろうが、この催しのような規模と熱意はそう多くはないだろう。これには横浜が国際港として古い歴史を持ち、中華街があり、在日コリアンも多く住んでいる多文化的な地域事情によるところも大きいかもしれない。

「神奈川はＮＧＯが盛んということもあります。市民が自身の課題を把握し、解決する。市民に密着したかたちの活動ができる神奈川独自のスタイルがあります」。

こちらの感想に対し、裴氏はこう答える。外国人が活動力を発揮できる下地には市民活動の盛んな地域事情が助けになってもいるようだ。

外国人学校の発展は市民社会の成熟と歩みをともにしてきた。一九九五年の阪神・淡路大震災を契機とし、兵庫県内に兵庫県外国人学校評議会が結成された。会は被災した学校再建のため、国庫補助を尽力の末獲得することができた。この経験を礎に、外国人学校の連帯を呼びかける多民族共生教育フォーラム2005が開催され、外国人学校・民族学校の制度的保障を実現するネットワークが誕生した。こうした市民の行動力と連帯で震災の痛手から立ち直った経験がその後の飛躍の契機になったのは、NPO活動の発展の歴史と同じものがある。

「ずいぶん前から外国人学校同士で交流をしたいという思いを多くの人が持っていました。運営の経済的な問題も抱えてますから。フォーラムが全国的に増えたとき、その流れに乗るかたちで二〇一〇年に外国人学校ネットワークかながわを作りました。朝鮮学校から始まり、中華学校やトルコ系のインターナショナルスクールに声をかけ、さらにイスラム系のブリティッシュインターナショナルスクール綾瀬と広げていきました」。

主な活動は神奈川県内の外国人学校訪問（交流）、関連映画の上映（イベント）、県内の多文化共生イベントへの参加（協力）など。参加企画の重要なものに外国人学校の絵画展があり、これは横浜市中央図書館や湘南国際村で開催されている。

外国人学校の存在理由のひとつは、生徒自身の固有の民族文化を学べる点にある。その重要性はいかほどのものか。いま一度専門家に確認しておこう。

「家庭だけの教育では一面的になってしまい、伝わりにくい。文化とは集団のものですから個人に任されるのはとても辛いものがあるんです」。

グローバリゼーションが進むにつれ、社会は民族・文化的にハイブリッド化していく。新しい問題系として、日本におけるムスリムの子どもたちの教育環境も話題に昇り始めている。二〇一七年二月二日の静岡文化芸術大学主催による多文化子ども教育フォーラムで、礼拝や断食、女性のかぶる頭巾のヒジャブの禁止、あるいは侮辱の言葉を浴びせられたこともあったなどの現状が明らかにされた(ウェブ「静岡新聞」二〇一七年二月七日)。

「日本は水泳が必須じゃないですか。ムスリムではからだの線が出る行為、肌の露出は禁じられています。食べ物のハラール対応はかなり配慮が出てきてはいます。マイノリティの権利は自然と保障されるべきなのに、言わないと保障されない。あと、一緒に食べている子どもたちがお互いに違うことを受け入れられるかどうか。そのことも含めて保障するのが教育なんです」。

裴氏はカナダのブリティッシュコロンビア州に一時期在住していた経験を持つ。そこでは認定されれば、学校の放課後、マイノリティのための母国語の授業ができることに驚いたという。

「日本でもそれをやろうとした人もいましたが、絶対に許可されない。多様性、国際化とか色々言いますが、結局そういうことができない。やる気がないんです」。

別の秩序、文化を受け入れることは価値観を多様化させることだ。しかし、現在の教育制度は自国以外のものを決して受けいれようとしない。外国人学校の最大構成員が朝鮮学校であることがさらに姿勢を硬化させる。日本政府にとって、植民地支配という負の歴史を体現する在日コリアンの教育上の自由は自国の無謬性神話を崩壊させるものをはらんでいる。

教科書検定は年々厳しくなり、負の歴史の言及は少なくなっている。朝鮮学校への補助金打ち切りの是非も各自治体で議論され始め、風当たりは強くなってきている。裴氏は朝鮮学校の出身だ。

「単純に言うと、朝鮮学校に助成金を出すから拉致教育をしろという要請があります。植民地政策は教えないのに拉致は教えろと乱暴なことをいうわけです。被害者の苦しみから眼をそらしてはいけない。ちゃんと事実は認め、教えていくのが教育。私はそう主張し、批判も受けました。でも、私たちは歴史を歪曲する人たちの仲間になってはいけない」。

教育の権利とは、国連の勧告に見るように機会の均等性の問題である。地球上にはさまざまな制度と政治事情を持つ国がある。そのそれぞれの国や社会の価値観や主張を日本政府や文科省が吟味、選定することが妥当だろうか。ひとつの色に染め上げた情報を伝え、浸透させることは、教育という文字の「教」の教えるではあっても、「育」の育むではない。育むとは「自身の力で考えることを促す」意味を持つものだから。教育は可能な限り、選択のフリーハンドを与え、自由な発想を育むと同時に異なる存在への共感をも育むものであるべきだろう。

「小さいことから多様なものに触れて知ってもらう。その子たちが大人になってから社会を築きます。マイノリティであることがマイナスでなくプラスであるという認識を持って、日本という地域を変えていく大きな力になってほしいというのが私の大きな願いです」。

大学に限らず小中高校で国旗と国歌を強要することの意味もここで見えてくる。教育が真の意味での教育、学びの場になることを防ぐこと、自由な発想を育むのを阻むこと。これはいまの日本政府が死守したい壁なのだ。

自治体に封印された九条俳句

学校教育に課せられた枷とは、ときに自らの属する社会集団が犯した歴史上の罪に虐げられた他者と向き合い、多様な価値観を育むことを阻むものだ。ここから考えると、もう一方の柱の社会教育も危機にさらされていることが容易に想像がつく。

社会教育の自由に対する阻害でもっとも話題になったのが、二〇一四年六月にさいたま市大宮区三橋公民館で発行の『公民館だより』（月報）掲載の市民の俳句が掲載拒否にあった事件だ。同誌には俳句コーナーがあり、同館で活動する俳句教室の互選によって選ばれた市民の俳句が載る習わしであった。その俳句とはこうだ。「梅雨空に　『九条守れ』の　女性デモ」。

時事経過を追ってみよう。公民館側が六月二五日に「公民館の意見と誤解される恐れがある」という理由で掲載を拒否。七月七日、市民がさいたま市生涯学習センターに撤回の申し入れをしたところこれを拒否。一七日、清水勇人市長は定例会見で「（掲載拒否は）おおむね適正だ」とコメント。二九日、稲葉康久・市教育長は「世論を二分している内容の作品」は掲載できず、問題となった作品は「今後も掲載しない」と語った。翌年六月二五日、市民側はさいたま地裁にさいたま市を被告として問題を提訴した。

裁判において市は公共施設である公民館の「公平中立」を論拠に処置の正当性を主張した。当初、教育基本法一三条にもとづいて「特定の政党の利害に関する事業」の該当も不掲載の理由としたが、これを撤回した。これは市側の根拠が曖昧なことを示す。


「普通の市民が作った俳句、それも『九条守れ』のフレーズが問題にされるとは驚いた。公民館が俳句の内容に立ち入る権限はないはずで、許されることではないと思います」。（ウェブ「埼玉新聞」二〇一五年九月二六日）

俳句作者は法廷でこう意見陳述を行った。さいたま地裁では俳句に作者名が明記されていることが重視され、作品掲載が公民館の中立性を損なうものではないとし、原告の作者側が勝訴した。現在裁判は、東京高裁を経て最高裁へ移行している。

さてそもそも教育基本法は、学ぶことの自由を最大限保障している。その第二条で「教育は、その目的を実現するため、学問の自由を尊重しつつ」と明記されている。公民館はその下位法の社会教育法で規定される存在であり、これに従うかたちになる。

美術館もまた社会教育法で規定される存在で（博物館という統合的名称）、教育委員会の傘下に置かれる。作家の発表する表現は憲法の二一条「表現の自由」によって保障されるものだが、一般市民という見る側の学ぶ自由はこの社会教育法によって保障される。先の公民館は社会教育法の要と呼べる存在だが、その歴史をひもとくことで現在の抱えている問題も見えてくる。

すでに序章で述べたごとく公民館活動の中心は民主主義や自治についての学習の徹底であり推進である。このような公民館設置の初心にかえるならば、公民館は住民の政治学習の場であり、行政施策や政治の在り方批判の場である。（徳村烝『公民館の紛争を考える』近代文芸社）

戦後、公民館なるものが登場したが、現憲法の民主主義的な精神を汲んだかたちでの社会再建の拠点として位置づけられた。教養的な学習のみならず、生活向上のための実践的な教育機関の性格も持っていた。実際は「国政従属の地方行政円滑化のための補助機関化」でもある（上田幸夫担当文、日本教育学会編『現代公民館の創造』東洋館出版社）複雑な性格を持っていたという。

公民館のこの民主主義的な志向は一方向の啓蒙が持つ抑圧性への反省を経て、市民の主体性を重視した「非指導型の教育」へ徐々に移行していく。たとえば公民館における市民相互の交流と主体的な活動として、一九五三年の杉並公民館での読書会から生まれた原水爆実験禁止署名運動杉並評議会、一九五〇年代の生活綴り方などのサークル活動、一九六三年の北九州市（当時は戸畑市）の公民館の婦人学級においての公害学習などがある。

しかし一九七〇年代の箱物行政を進めるかたちで出てきたコミュニティセンターは施設の充実さと簡便性にすぐれており、公民館の競合先となって押しやる傾向が出てきた。さらに社会教育も変質した。かつての政治的存在としての市民の学びでなく、教養としての学習の浮上である。一九八〇年代に政府は生涯学習政策を打ち出し、横断的な社会教育の実施が行われた。それは行政改革による経営の効率化も伴い、統廃合による施設の集中化、職員の非正規化などが実施された。その延長にあるいまの新自由主義路線の効率経営策は、公民館における市民の学びの場の希薄化も招いている。

社会の複雑化は市民のニーズを多様化させ、社会活動や文化に求められるサービス、拠点施設も異なったものとなる。コミュニティセンターや多目的文化ホールなどがその例だが、そこでの文化活動の利用者(使用者)は公民館とじゃっかん異なり、一般の市民、つまりアマチュアであることもあれば、プロの表現者(この定義は非常に難しい)であることもある。そのため、そうした文化施設は厳密に社会教育と呼べない曖昧さも出てくる。こうした場においても、学びの自由、あるいは表現の自由は蝕まれつつある。

二〇一三年四月、福井市の複合施設アオッサの共有スペース・アトリアムで開催されたピースアート展でも似た事件が起きている。河合良信氏の九枚の半紙に憲法九条の条文と改正手続きを記した作品が、施設管理会社の統括責任者により「政治的な内容で気分を害する人もいる」を理由に撤去要請されたのだ。これは抗議により撤去を免れた。

二〇一四年七月には、東京都庁展望室で開かれた東友会による「原爆被害の実態と東京の被爆者たち」展で米英仏中印各国の核実験に日本の市民団体が抗議する姿の写真が展示できなかった(「朝日新聞」二〇一四年九月一八日)。「政治的意味合いがあると誤解される恐れがある」と都担当者が難色を示したからだ。二〇一五年三月、新座市のふるさと新座館では日本軍慰安婦の写真の展示が「『啓発的な事業』に該当する」とされ、了承されなかった(ウェブ「朝日新聞」二〇一五年三月二五日)。

先のアオッサの件では「美術館などと違い、展示は施設の活性化に役立つことが大前提」（ウェブ「福井新聞」二〇一三年五月一日）との理由もあげられたという。みっつの事例には共通点がある。公共の施設は政治的な意見なり内容の発信にそぐわない性格と運営意図を持つとされることだ。だが、文化創造物を展示する公共施設の役割のこのような限定は市民にとって有益なことだろうか？

●――公民館が社会に果たす役割とは

表現と文化活動の境界は曖昧である。また表現は個人にのみ帰属するものではなく、発表を前提とするものは社会性を当然のように具える。世にあるもの、あるいは他者から何かを得ることは学びであり、教育とは本来多様な広がりを持っている。そしてこの他者からの学びは議論という民主主義のあり方と非常に密接な関係にある。

ここで憲法九条俳句に対する検閲事件を題材に公民館と社会教育が今どのような状況にあるか、識者の意見を聞いた。取材をお願いしたのは、日本公民館学会で立ちあがった「九条俳句掲載拒否問題検証プロジェクト」の中心人物、手打明敏、谷和明の両氏だ。

谷氏「公民館の職員が自分たちの現場で処理できた問題を上部組織に伺いを立てて意向を聞いた。本来、施設の自由を担う責任を持つ立場のはずです。事件を聞いたときは大きなショックでした」。

本来公民館はそれぞれが独立した等価の存在だったが、中央館（拠点館）に主要機能を集中させ、各館の機能を軽減させる効率性重視の中央地区館方式が生まれた。さいたま市では合併に伴う公民館の組織再編で中央館―拠点館―地区館の三層体制とされた。これは各館の裁量、自律性を減らした。

手打氏「さいたま市では、二〇一五年四月と事後のことになりますが、総合教育会議が設けられ、教育委員会に対して市長の意見が通るようになってきました。そうしますと、教育委員会は市長の意向を忖度するようになるわけです」。

教育委員会は本来行政から自律して独自の活動を行える組織だが、その基本方針が崩れてきている。公民館は教育委員会の上意下達に従い、教育委員会は市長の意向を忖度する。末端にまで市長の意向が浸透する権限の拡大は、橋下市長による大阪市のふたつの博物館への執拗な干渉と同じ現象だ。

谷氏「まずさいたま市の公民館設置条例を見ると、ほとんど自主的に決められる余地はありません。ルーチンなことのみでき、現場で新しいことは勝手にできない。行政からすれば管理しやすいすっきりさですが、教育機関としては軽視されています。それとさいたま市では、専門教育を受けた社会教育主事を公民館の主事として採用することをここ一〇年やっていません」。

文科省の「公民館の設置及び運営に関する基準」では公民館主事の任用は努力目標に過ぎず、専門職をあてる法的義務もない。そのため専門家から見直しが叫ばれている。専門職を必要としないから、資格所有者が任命されても専門的判断にもとづいた自律性を発揮できない。まして、資格所有者を一〇年採用しないさいたま市ではなおさらだろう。

手打氏「あそこの公民館業務は学校の教員が派遣されて担当しています。かれらにとっての教育とは学校教育の視点です。大人の学ぶ活動は自由を尊重しつつ実態に則してみていかないといけないはずなのですが」。

学校教育と社会教育に求められるものは大きく異なる。しかし行政改革の結果、人件費の削減と権限の拡大で公民館の現場に専門家が置かれず、適正な運営が行われにくくなっている。「九条俳句」の件は社会全体の保守化が底流にあるだろうが、それを可能にしているのはいまの行政の論理である。

谷氏「今回の件は政治的活動ですらない文化芸術行為です。見る人によって政治的な意味を持つのは当然ですが、そのことをもって判断するのは人格権の否定であり、公民館がなんのために作られたかを全然斟酌していない。そういう考え方が行政や議員を含めて一般に広まっているのが今回の件でわかりました」。

手打氏「行政の論理で権限を集中して一元化していますから、そういうなかで自主的な住民自治を尊重するよう持っていくのはなかなか難しい。住民側がどう力をつけ、声をあげていくかですね」。

この問題は取りも直さず、公民館を主軸とした社会教育を取り巻く、政治と社会の環境の変化からくるだろう。それはなんだろうか。

手打氏「戦後初期の民主化時代から揺り戻しがずっとあって、市町村の条例が改変されてしまっている。社会教育法が本来持っていた自由を守るという理念が規制に転化している。これは社会教育だけでなく、日本社会全体で露骨に起こってきていることです。一九八〇年代から実施されている生涯学習政策は地域や社会の問題でなく、個人が充実した生活を送る自己実現を目的としている。単なる趣味教養を豊かにするという視点で社会人教育が行われてしまっている」。

かつての公民館は地域のなかで市民が政治的人間として振る舞う拠点の役割があったのだが、これが趣味的人間として充実するインフラのようなものに変化している。そのあらわれが後に出てきたコミュニティセンターや多目的文化ホールであるなら、そこから政治的なるものが率先して排除されるのも道理だろう。

谷氏「この事件の意味は、公民館という施設の自律性と自由が損なわれたことにありますが、これは日本の民主主義の崩壊にもつながります。自律性には誇りを持って支える専門性が必要だけど日本の人材育成の方式は専門性を尊重するものではない。そして、法の支配とその一貫性に対する尊重もない。単に気に入らないものがいれば叩けばいいという風潮がある」。

美術館や図書館にも見られたこの専門性への軽視は、担当者に裁量という必要な権限を保障しない。自然、権力を持った上部組織への忖度をするようになり、事なかれ主義にもなる。

谷氏「企業や官庁がなにか問題があるとすぐ頭を下げて謝罪する。クレームに過剰に反応する、言わば日本型クレーム社会。公民館でも『戦争反対』を『平和尊重』に、『原発問題』を『環境問題』に書き直すといった自主検閲のような傾向が進んでいます。日本社会は便利で行き届いていますが、自主判断の余地が奪われる傾向にある。それが我々の表現の自由をものすごく抑圧して自縄自縛状態にあります」。

公民館の運営体質の変化は地域社会の変化でもある。これは政治のあり方にも深く関わってくる。

●――ＮＰＯの活動を阻む自治体行政

公民館の月報の検閲例は行政の保守化が背景にあるが、直接の原因は担当職員の事なかれ主義にあるようだ。これに限らず、問題はたいていが複数の要因から成り立っており、単純化による議論は真相から遠のく危険性がある。公民館以外の市民の活動の場――これも学びと言っていいだろう――もまた自由が阻害された例がある。これは排除というかたちだ。

さいたま市にＮＰＯや市民のサークル、自治会が無償で打ち合わせに使えるスペースを持つさいたま市市民活動サポートセンターがある。二〇一五年一〇月、ここの指定管理者になって管理運営するさいたまＮＰＯセンターが、二〇一六年四月から五年間の第三期の指定管理者に選考されたとたんに、市議会で市民活動サポートセンター条例が改正され、市直轄運営となった。理由は「政治的」な団体の利用を許容したことだという。

自民党系の議員が登録利用団体の一部に対し「利用するにふさわしくない」と疑問の声をあげ、市による直轄運営を市議会が採択した。問題視されたのは、登録団体一七二七のうち一四団体。平和、反原発、日朝友好などを運動目的に掲げる左派色が強いものが主で、ほか北朝鮮による拉致被害を追及する右派系もわずかにある。いずれも政治活動をしているとされた。

この政治色の排除は国分寺市９条の会の例と同じ性格を持っている。ＮＰＯ法では主たる目的でなければ許容されると規定されるが、市議員がこれを踏みにじる行為に出ている。本事件のあらましを渦中のさいたまNPOセンターの理事で、さいたま市市民活動サポートセンターのセンター長だった東一邦氏に取材した。

「市民活動の規制と今回起こったことは少しジグザグな関係にあると思います。動きを率先した自民党の青羽健仁議員は五〇代の政治家ですが、自由な市民活動は理解できない。感覚的に嫌っていることはあります」。

もうひとつの理由は、センターが喚起した市民活動の活性化やNPOが公共施設の指定管理者になることが、彼にとって望ましい秩序をかき乱したからだという。市民活動も地域の中で政治力学を帯びるから、勢力図に影響を与える。地域性の強いミクロな事情だ。

「私たちは労働組合や生協と親しかったので、それを嫌ったこともあるでしょう。不適格とされたものに右派系の団体もありましたが、ダミーでしょう。政治活動をしているというのは、いわば言いがかりですが、市民団体への監督や規制、排除を望む声が通りやすくなっている背景はあります。安倍政権以降のね」。

極端に厳格な思想は寛容性を欠くため、相手を攻撃し排除する手段として重宝する。日本会議を発信源とする国家への忠誠と思想統制の広がりは必ずしも思想的な共鳴ではないかもしれない。政敵、好まない勢力を排除するための「便利な道具」として受け容れられている側面もあるのではないだろうか。

さいたま市市民活動サポートセンターを訪れると、広大なスペースにある数多くの机を埋め、会話に没頭する人々の姿が目につく。そこに仕切りはない。耳を澄ませば、周囲に何が起こっているか知ることができる。

「センター運営でわかったのは、圧倒的に多いのは趣味のサークル、そして生きがいのサークルだということ。本来趣味に公益性はないですが、ここを利用できないようなことはしたくなかった。かれらの活動をどう公益に結びつけるかもサポートセンターを運営する私たちの市民活動支援でした。たとえば、腹話術や手品のサークルを障害者の団体に無理矢理にでも引き合わせてみる。そこでコラボレーションが生まれたりするんです」。

大がかりなイベントを企画したとき、幾つかのグループでブロックをつくり、対話を促す。このちょっと強引なかたちの出会いと交流の演出から生まれたコラボレーションが「最大の成果」だったと東氏は話す。

「これは行政にもできないし、企業にもできないでしょう。能力の問題でなく、立場上できないのです。趣味のサークルをやっている人も人の役に立ってうれしくない人はいないし、人の役に立ちたいという思いは市民の中に必ずあると信じて働きかけたんです」。

いまセンターは市の直営となってしまい、かつてのようなコラボレーションをめざしたイベントは開かれなくなってしまった。市民の横のつながりが偶然生まれるのは難しい状況にある。

「昔は市民団体の規制を警察がやりましたが、いま議会が手段として使えることをさいたま市が開発し、全国に知らしめてしまった。市民活動を軽視する議員に議会で決議をすればいいと気づかせてしまったのは犯罪的行為だと思います」。

今回の件では、ＮＰＯの全国ネットである日本ＮＰＯセンターは連帯を表明し、抗議の声明を出している。そこには「昨今政治的テーマを扱う市民活動を制限する動きが散見される」と記してあり、これが全国的にある程度の広がりが持っていることがわかる。

「あとで聞いたら今回の件は許せないとセンターの登録を取り下げる団体が幾つもあったそうです。無言の抵抗をしてくれたスタッフもいた。いまはいったん後退するけど、市民活動は絶対負けないよ。それは自由でいたいという市民の思いがあり、自由な社会がいいんだという市民がたくさんいるという確信があるからです」。

公民館や市民活動サポートセンターなど、さまざまな場所で自由が奪われつつある。これは市民が学び、覚醒し、活動に移す契機を削いでいく。市民が受動的な存在のままでいるなら、為政者にとって都合のいい道具でしかない。この自由な活動力を阻むNGをはね返すのは市民の力以外にない。そして、この力はまだ滅んではいない。

第7章　NGを生み出す社会背景とは

●――異物の排除と公権力依存の背景

自由を阻害するものの姿は一様ではない。検閲、規制、妨げ、縛り、自粛、監視、圧力、強制とさまざまな姿を見せているが、これをNGと一括してきた。この不定形のものはなにに由来するのだろうか。

姿の見えない妖怪も影は見えるという話がよくある。NGを社会の影とするなら、その輪郭をたどることで生み出す本体の正体が見えてくる。NGを探ることは、この時代の社会の本質を探ることにつながる。そのために必要なのは、NGそれぞれの特徴と背景から共通項をあぶり出すことだろう。

第1章は生活行動に関わるものを紹介した。保育所で過ごす児童への苦情。続いて、海浜を訪れての飲食と歌舞音曲の禁止だ。個人の属性でなく、行動が批判されるとき、そこには他者に影響を及ぼす関係性が必ずある。ここでは「音」が事例を読み解く鍵となった。音は受け取るものによって意味を変える相対的な性質を持つ。騒音も音楽も同じ音、音波でしかないが、聞くものによって大きく意味を変える。

統計データは、地域共同体と心理的距離が遠い人は保育所に苦情をぶつける傾向が強いことを示している。子どもの発する音への否定的受け止めの増加は、地域共同体の構造的変化がもたらしたものだとわかる。問題は個人の感性やエゴのみに帰せられない。

これを生んだ社会背景には急速な住宅開発、都市開発があり、そのゆがみがもたらした。ただ多少のゆがみは行政の適正な対処だけでなく地域共同体に弾力性があれば吸収できるはずだ。これは取りも直さず、地域共同体の硬直化、脆弱化を意味する。この社会環境の変化に人は翻弄されるが、不満を社会に向ける術などはない。行き所のない思いは他者への苦情や憎しみのかたちを取らざるを得ない。

海浜での飲酒と歌舞音曲の禁止も音に関わるものだ。しかし、こちらは音の性質そのものが変化した例だ。かつての浜辺での牧歌的なラジオ視聴はなくなり、素人ＤＪによる大音量が登場した。ここにも社会環境の変化が影を落とす。

のどかな海浜に若者はターンテーブルを担いで大挙しはしない。この行動を誘発したのは、不況による売り上げ不振挽回のための資本投入によるレジャー開発だ。きらびやかな灯りに若者は引き寄せられる。しかし物価の上昇と所得の貧困化は店舗の利用者を増加させず、路上に人々をあふれさせ、風俗の悪化を招いた。この六本木化現象は地域共同体を賛成派と反対派に分断した。そして海浜は路上の自由を失い、開かれた場であることを止めた。

この経緯を見ていくと、人々の亀裂とそれが生んだ浜辺のＮＧには未然に防ぐ手立てがあったことがわかる。飲食店経営者、地域住民、外来利用者のより良い棲み分けのための議論による模索である。この協議と共存のための試行錯誤がなされていたなら問題は生まれなかった。これは共同体の運営の問題であり、かつ仮設的コミュニティの秩序形成の失敗である。この蹉跌は保育所にも言えることだろう。

ふたつの事例を揺り動かす社会環境の変化は、経済構造の変動という大きな時代の流れがもたらしたものだ。この視点なくして、問題の解決はありえない。

よりミクロな事象に目を注ぐと、地域社会の中の亀裂があり、人々の間の対立や憎しみの増加が目に付く。海浜からの持たざる若者の排除もそのひとつだろう。そしてより大きな問題系が生活保護不正受給疑惑である。これは行政が煽っている面も確かにあるが、市民間にも疑わしきものを根拠もなしに告発（密告）する風潮が生じている。

根拠のない疑惑に基づく敵意など本来あってはならないが、これが社会の中で力を増している。これを緩衝するのも地域共同体の役割だが、その融和の機能がうまく働かない現状がある。

しかし人は敵意と憎しみの不安状態にずっといられるものではない。ここで救済措置が求められる。それが行政と警察の管理の歓迎だろう。市民の要請による監視／防犯カメラの普及である。

犯罪率の減少はこれを本来不要なものとするはずだが、徹底した安全＝公権力による管理を求める心情はむしろ高まっている。監視／防犯カメラは少なくとも日本ではプライバシー保護の不備という欠点がある。さらに導入経緯は釜ヶ崎のような持たざるものへの管理と排除が発端となっているのだが、そうした事情は顧みられることもない。むしろ持たざるもの、社会秩序からはみだすものへの「怖れ」は強まっている。言い替えれば不寛容が広まっている。

共同体の亀裂、人々の間の距離の隔たりは、生活行動のみに収まらない。第2章で見たように、宗教や政治の領域にも関わってくる。

宗教の事例では、除夜の鐘への苦情、祭りへの行動規制を紹介した。そもそも地域共同体は人々の利害の総和だけで成り立たない。人はただの個人であるだけなら、食べ、遊び、仕事をし、眠るという生活上の必要のみが支配する現在に生きる。しかし、地域共同体は個人に過去と未来の中で生きる意味を与える。伝統はそのわかりやすい例である。

祭祀は人が伝統文化を受け継ぎ、生きる時間の紐帯をも実感させてくれる。政治も似たような役割を持つ。平和や歴史を考えることは過去を継承する貴重さであり、今後の社会を考えるということは他者に未来を手渡す尊さがある。

確かに個人は完全な自決権を持つがゆえに他者に依存と負債もなく、ただ利害においてのみ関わるとする考えもある（リバータリアニズム）。しかしこの考えはインフラや教育に対する公共投資をうまく説明できない。多くのものは共同体に属する意識を持っている（コミュニタリアニズム）。

信仰の自由や政治の自由を個人の選択の範疇とみなすことは、個人を単なる生活上の諸事、利害に終始する私的領域の存在に還元してしまう。これは人を過去と未来から引き離し、現在という牢獄の中に押し込めることでもある。

政治に対する排斥は、憲法九条・反戦反核の団体への自治体の後援拒否、市民フェスティバルの参加拒否といった例がある。本来行政の政治に対する不偏中立には厳密な定義があり、ＮＰＯ法の規定を見るようにその範囲は狭められている。しかし、地方議会や自治体ではこの法解釈が無視されている。具体的には軍備増強を主張する改憲勢力（自民党など）がこれを牽引し、ほかがこれに追随するかたちになっている。ここでは法治という近代国家の土台が崩され、民意を体現する多数派議員の専横がまかり通っている。この法規範の逸脱も数多くのＮＧに共通する要素だ。

こうした宗教と政治の排除は地域生活を無色なものに置く。この無色はふたつの側面がある。まず、私的領域の公的領域への侵食である。地域フェスティバルの例を見るように、政治が排除されるとき、食べ、飲み、楽しむという個人の身体的欲求に関わる「快」の要素が高くなる。これは公共空間が慈悲や祈り、平和や自由といった理念でなく、耳障りのいい、違和感のない、心地よいといった「快」が支配するところとなる。これは少数派という「異物」の排除を招く。

もうひとつは、公権力への依存である。宗教や政治も市民の自発的活動がその基底にある。だが、そうした生活の欲求を超えるものを抑圧したとき、社会そのものを律する指針、牽引する原動力が失われ、よどみと不安定さが生まれる。そのとき人々は秩序を公権力に規範を求める。市民ひとりひとりの色が付いていない公権力は無色に見えるからである。監視／防犯カメラによる管理、生活安全警察による指導は無色がもたらす必然に思える。ここで国家イデオロギーと結びついた宗教、たとえば国家神道はどうなるかという懸念も出てくる。この問いは後のほうで考えたい。

◉——近代社会が育んだ、不寛容の社会心理

共同体の亀裂、他者への不寛容と攻撃、社会における無色の侵食、隣人との協調ではなく公的権威による管理の歓迎、政治家の専横と法的規範の弛緩。こうしたNGを特徴づける要素は、世界的な普遍性と日本の固有性のふたつから成り立つ。前者は幾つかの社会理論の適用で説明できる。

その前に普遍性の強調のため、いま世界でいかに自由が阻害されているか見てみよう。デンマークに拠点を置く権利擁護団体フリーミューズは毎年『脅威のもとにあるアート』を発表している。世界中の言論表現への検閲と攻撃を統計資料でまとめたものだ。二〇一六年度版はその総数は七〇ヵ国で四六九件に及び、前年比九八％増だった。二〇一五年度版は七八ヵ国一〇二八件であり、前年比一一九％増。世界中のすべての事件を網羅できるはずもないが（たとえば二〇一五年の日本は数ある中でろくでなし子の逮捕一件のみだった）、目安にはなるだろう。

二〇一五年度版は政治的な理由に加え、宗教的な理由に基づく攻撃が増大したと概括。二〇一六年度版は国連機関と人権団体が敵視されているという。人権に対する憎しみや妬みは日本でも共通する傾向だ。二〇一六年度版の内訳を見てみよう。殺害や投獄など深刻な事例は一八八件あり、その国順位は一位イラン、二位トルコ、三位エジプト、検閲などソフトな事例は八四〇件で、国順位は一位ウクライナ、二位クウェート、三位中国となっている。新興国が高いが、欧米でも数は減るが一定数の事件はあることがこの統計からはわかる。実際、筆者の知る範囲は美術だが、アメリカでもそれなり

にこうした事例は近年ある。

現代美術の国際展示（いわゆるビエンナーレというもの）では、政治的な迫害に対する問題提起は近年頻繁に見られるが、日本ではそうでもない。このあたり日本の意識のズレがあるが、世界的には危機意識が共有されている現状がある。

政治学者アナ・ルーマンは、世界的に民主主義が後退していると警告する。それは、西・東欧、アメリカで顕著で、「メディアの独立性、表現の自由、法の支配が大きく低下している」という（ウェブ「ＡＦＰＢＢ ＮＥＷＳ」二〇一八年六月二二日）。

現代社会が抱える構造的な問題は、その視点や領域によりさまざまなアプローチ、理論がある。本書は言論表現の自由に多くを割く関係から、意識の変化に重点を絞って読みときを試みてみよう。

現代に生きる人々の意識が抱えるゆがみは二〇〇年近く前の近代の時代にすでに指摘されている。

　妬みが定着すると水平化の現象となる。情熱的な時代が励ましたり引き上げたり突き落としたり、高めたり低めたりするのに反し、情熱のない反省的な時代はそれと逆のことをする。それは首を絞めたり足をひっぱったりする、それは水平化する。（セーレン・A・キルケゴール「現代の批判」『死に至る病　現代の批判』中央公論新社）

実存主義者のキルケゴールは一八四六年の時点ですでに社会心理の病弊をうまく言い当てている。無色はその状態がかなり進行した状態だが、凹凸を嫌う人々の意識は近代の半ばからすでに指摘されている。この「水平化」は商品経済（資本主義）の浸透と民主主義の発展のふたつがもたらした。商品経済（資本主義）の浸透は、遠隔地との交易をうながし、国境という障壁が弱くなった。ものの行き来は価値観の変容を伴い、人の行き来は共同体の紐帯をもろいものにする。民主主義の発展は伝統的価値観を突き崩し、人を横並びにする。元々高低のあったものが身近になるなら、その違いがより意識化される。

近代における国境線や共同体の境界線の揺動は社会そのものを流動的で不安定なものにするが、これはある種の負の社会心理を引き起こす。妬みがそれである。人は本来それぞれ異なる存在だから、水平化という干渉はゆがみを与えることにもなりかねない。

近代は民族主義、国家主義の時代でもある。これは国境の不安定化による揺り戻しの反動現象だが、ここで生まれる民族意識は差別に容易に転化される。不安を抱く社会心理が支柱を求め、異なる他者を排斥することに歓びを覚えるからである。

民族による排外主義はこれに止まらず、異なる属性への選別排除にも結びつく。ナチスが虐殺の対象を単にユダヤ人だけでなく、同性愛者、精神疾患者にも向けたのはそのわかりやすい例だ。

一九世紀の詩人などの芸術家、哲学者の言葉に接すると、革命への憧れとともに貴族主義的感性がかいま見られる。この奇妙な共存は当時の社会心理への忌避である。ここでは芸術なり言論なりの大衆意識との乖離が生じている。

このゆがみは解消されることなく、時代がくだるに従い、さらに広範で深いものになっていく。二〇世紀の後半、国際的な物流（経済活動）の活発化、電子メディアの世界的な普及と浸透がその背景となる。これはグローバリゼーションという言葉で呼ばれるが、社会心理をよりグロテスクな方向へ進化させる。

彼（註　ベンジャミン・バーバ）は一般向けに記した著作『消費主義が市民社会を食い尽くす』（二〇〇七年）の中で、「幼児化のエートス」が低俗な広告と消費財を通じて大人を幼児化させるとともに、子どもも消費者として標的にしており、これがグローバルな資本主義を支えていることに警告を発している。（マンフレッド・B・スティーガー『新版　グローバリゼーション』岩波書店）

辻褄の取れない言動、短気という心理状態に直結した愚かな行動、自己満足のためだけに発せられる無責任な放言、政治と社会や経済に対する稚拙な見識。これらは政治家、それも指導的な立場のものにしばしば近年見られるようになった。具体的には、アメリカであればドナルド・トランプ大統領、日本では安倍晋三首相があてはまるように見える。「幼児化のエートス」という概念で多くを説明できる。

これは政治だけの現象ではない。メディアに登場する若き経営者の発言あるいはネット社会のSNSでのやり取りもその例だ。成功は慢心を生み、心のガードをゆるくもする。顔の見えないSNSは安全に他者を苛むことのできる手段でもある。本来うちにはゆがみを持っていても、衆人の前では出すべくもない。しかし、社会規範の緩みと即応力の過度に発達したメディアは人をいつでも私的領域にいるように陥らせる。

私的領域にいるような幼稚な言動はやはり私的領域の住人には受けがいい。人々は政治家や経営者に対しうちに潜む幼児化のエートスを投影することで代弁者とする。その攻撃の対象は本来同じ立場であるはずの多くを持っていない人々だ。キルケゴールのいう妬みが情報環境によって膨大なまでに拡大、拡散していく。

その攻撃は、一般人でありながら自分たちと異なった存在、専門家とかれらが有する知識にも向けられる。図書館とその司書への攻撃もその例だ。著名な言論表現、特に文芸はしばしば毒をはらみ、健全健康なものとは言いがたい面もある。そうした凹凸を嫌って批判が寄せられる。

自分とは違うという意味の言葉「インテリ」を用い、『絶句』を開架措置にした司書にクレームを投げつけた例がある。さらに言論表現への市民のクレームも似た性格を持つ。これがわいせつである場合もあるし、政治的に急進的な意見、一般的な感性とは異なる造形、社会の矛盾に対する告発などさまざまなものがある。言論人、作家、芸術家に対しての「寛容性」は徐々に失われつつある。これは生活空間の中の異物を極度に嫌う性向でもある。

『脅威のもとにあるアート』が語るようにこれは全世界的な趨勢だが、ことに日本では物理的殺傷を伴わない精神的中傷が多く見える。生活保護受給者に対する密告にも一種の妬みが働いている。こうした苛立つ不寛容の精神もまた幼児化のエートスと言える。

無色が社会を覆うとき、尊ばれるのは健全さだ。しかしこれは、本来社会や共同体が必要とする多様性という健全さでなく、異物を排除した凹凸のない見かけの健全さだ。ここに自由を蝕む病弊がある。

●——平成の大合併が変えた地域の自由のあり方

言論表現へのＮＧが広がりつつあるのは世界的な現象だが、日本固有の政治的背景もまたある。二〇年前の自治体では起きなかったことが起きている。具体的には、市民団体の行事に対する後援の拒否や自治体催事の参加拒否、公共施設の利用の際の市民団体の選別排除、公民館の会報への検閲と規制、市民設置のモニュメント（追悼碑）の撤去命令、行政の補助を受けている博物館の展示内容の検閲と介入、などだ。

かいつまんで言えば、自治行政の多様化を削ぐ集権化による横暴、地域での市民団体の発言力の低下（行政の不当な無視）と総括できる。橋下徹市長（府知事）の横暴とも言える命令もそれを許す制度的背景があるためで、単なる高い人気からできるものではない。

これはかつての行政改革がもたらした弊害だ。一九九九年から一〇年にわたって日本各地で進行した自治体の合併劇、いわゆる平成の大合併は地方自治体のあり方を根本的に変えた。それは迅速化と効率化の追求が地域の多様な市民活動を抑制するかたちで働いたことだ。これは副産物ではなく、明確な意思のもと構築されたという。

むしろ市町村議会議員数の減少は、政党政治の中央集権化に資するものであり、自治体政治に対して中央政党の政策的影響力を強める効果をあげている。

青年企業家層を中心とした市町村側の受容構造は、市町村域を超える活動に対する行政手続きの煩雑さや市民社会への規制に対する苛立ちを基本に、「最後の公共事業」への期待を乗せて広まった。（今井照『「平成大合併」の政治学』公人社）

平成の大合併の全国的な広がりは、与党の「自治体政治の解体」「政治的集権化」、各地域では公共投資という実利獲得を背景に進められた。しかし、掲げた効用がうまく実現できたわけではなかった。むしろ組織拡大による規律の弛緩で財政状態が悪化、人件費決算額は増加したという。さらに集権化による地域固有の事情に配慮した政策立案機能の低下、広域化によって行政と市民の距離が遠のいたこととスピードや的確さの低下、などがみられるという（前掲書）。

平成の大合併の背景となった行政理論にリスケーリング論がある。これはグローバリゼーションなど社会変化に対し、行政単位を最適サイズに伸縮することで対処を意図するものだ。具体的には広域自治体への移行で地方分権、規制緩和を実施し、行政の経営効率を高めて競争力を増そうとするものだ。ここにあるのは行政をマネージメントの点で捉える発想だ。

グローバリゼーションの趨勢の中で、一九八〇年代半ばからニュー・パブリック・マネジメントという手法の導入が各国で流行のように導入された。これは行政業務に成果主義を取り入れることにより、無駄を省き、効率を高めることを期待するものだった。物事には常に量と質のふたつの側面があるが、これは本質的に前者の量の管理になじむもので、質に対してはそぐわない。ここで質の量への還元が行われ、この手法になじむように業務が矯正される。だが、そもそも自治体は社会環境の向上のみを目的とするものではない。ここに自治という政治の概念が浮上する。

政治とは完全に他者に委託してリターンが得られるものでなく、参加することで市民としての社会的役割なり意義が果たされる。民主主義（実際には共和主義的だが）を支える根本概念だ。だが、この市民として応分の負担をする政治の概念、いわば自治の意識は薄れ、よりよい行政サービスを期待する要求が強まるようになった。これは政治の消費サービス化の現象である。

行政改革の推進は、行政サービスの享受者としての市民自らの位置づけに支えられていた。そこには「不快」ではなく「快」のサービスを求める心理も働いている。

ここにいわば自治を嫌う政治家がひっさげた行政改革を市民が歓迎し、進められた事情がある。歴史修正主義の台頭の機運も加わる。社会や歴史の負を告発する言論表現が排除されるのも自然の成り行きである。

行政府が誤った行動を取ったとき、これを正す市民の活動。この二項対立の構図は自由度と柔軟性に欠ける点がある。ここからより日常的に、恒常的に両者をつなぎ、不都合と問題点を是正する組織なり働きが考えられるようになる。これが市民による結社、アソシエーションである。

この市民の自助組織、アソシエーションが社会や民主主義に果たす役割に初めて注目したのがアレクシス・ド・トクヴィルである。彼はアメリカが独立間もないころ訪れ、市民社会の様子をつぶさに観察し、『アメリカの民主政治』にまとめた。アメリカでは広大な土地に人々が分散居住しており、生活の基本インフラから学校や教会、自治的な政治組織をすべて自前で構築した。市民の寄り合いをタウン・ミーティングと言い、いまも北東部・ニューイングランド地方の一部に残っている。このタウン・ミーティングやアソシエーションなどの草の根の組織の力が後の独立運動に大きく貢献した。トクヴィルは中央集権ゆえに強権的な力を発動するフランス革命の民主主義とは違うかたちを発見する。彼の明言「民主主義は地方の学校」はここから生まれた。

ユルゲン・ハーバーマスは市民の言論と社会活動の活発化が市民社会が健全さを保つのに不可欠と考えた。市民による自由な結社、アソシエーションとマスコミは一定の協調関係、いわば自律的公共圏を形成し、公権力（政府）や経済と一線を画して牽制する。これが彼の構想である。いまさまざまな領域で活動するＮＰＯはこの役割を受け継いでいる。

日本社会でＮＰＯが隆盛する契機となったのは一九九五年の阪神・淡路大震災である。被災地の生活とコミュニティの再建にボランティアやＮＰＯ組織は迅速かつ効果的な力を発揮し、大きな評価を得た。行政に比べ、その組織が柔軟であり、行動力に小回りがきき、対処が弾力性に富んでいたからである。これは一九九八年の特定非営利活動促進法（ＮＰＯ法）の成立を後押しした。

私たちがめざし、期待していたのは、そのような自由で、自発的な市民の活動であり、高度に中央集権化された官僚システムとは別のシステムの可能性が日本社会にもあることに希望をいだいたのではないだろうか。（田中弥生『ＮＰＯが自立する日』日本評論社）

ＮＰＯ草創期のころの回想で、期待の高さが窺える。本来ＮＰＯは政治的な役割を持っている。事実、アメリカでは政策提言や市民の政治活動の分野でＮＰＯは大きな役割を果たしている。民主主義の支柱とも言える存在だ。ＮＰＯには社会の複雑化に伴い、行政の手がゆき届かず、市民の単純な自助組織では不十分なかたちでしか対処できない社会的ニーズへの応答の側面もある。だが、日本では構造的な問題も抱えている。

ＮＰＯの財源には市民の寄付、公的な援助のふたつがある。アメリカは寄付文化が強固で、市民の力でＮＰＯが支えられている。巨額が投入されるアメリカの大統領選も市民からの寄付金で賄われる。美術・博物館もほぼ私立で成り立ち、高額の美術作品が購入される。これに対し、日本には寄付文化が根付いていると言いがたい。

田中弥生の前掲著のアンケート調査によると、ＮＰＯの収入全体は行政からの資金（事業委託）が全体の七割弱。調査サンプルは公的機関からの事業収入が八割以上に分布が集中。ＮＰＯの資金規模別には大型は公的資金型で、民間資金型は小規模ＮＰＯに多い。財政状態は公的資金型のほうが良いという。

日本のＮＰＯが公的資金つまり公権力に財政を依存する傾向（下請け化）は、活動の自由、特に政治的な自由を確保しにくくする。ハーバーマスのいう自律的な公共圏には不十分だ。ＮＰＯでの市民の公共的役割には公権力との協調提携による発展ではなく、対抗性に主眼を置いて言論や政治闘争による社会改革を必要とする論もある。政府が道を誤ったときは、この対抗性も当然求められる選択肢だ。だが、ＮＰＯが公権力に財源を握られたかたちで充分に機能できるとは残念ながら考えにくい。

二〇一一年の東日本大震災は地震という天災と同時に、放射能被害における東京電力の不誠実な対応の人災の要素も持っている。後者の深刻な問題でＮＰＯは不正の追及で目立った働きを見せられなかった。

民主党政権時、同党は市民の活動力に注目。社会の活性化に役立てるべく、官と民の協働による市民社会の充実を志向する「新しい公共」政策を唱えた。これに援用された日本の公共哲学では「公・公共・私」論が語られた。この「公共」はハーバーマスの自律的公共圏とほぼ同じで中間団体が担うとし、NPOや労働組合、協同組合を想定するものだ。

全体として見ると十分とは言えない活動力だが、それでも社会の中で有意義な働きを示してきた。それは安房文化遺産フォーラムやさいたまNPOセンターの活動が示すとおりだ。だが、このNPOや市民団体はかつてない攻撃を受け、その活動は後退の憂き目にある。政治の集権化を推し進める政治家は、多数派ゆえにフリーハンドの選択権を委託されたと驕り、自身の政策と価値観を強要する。多様性という自由はこの強大な政治力によって徐々に狭まれ、蝕まれつつある。

自民党政権が推し進める国家統制策

行政の集権化と市民活動の阻害が目に見えにくい制度と運用上の桎梏であるなら、法規範による統制は見えやすい自由に対する迫害だろう。

日本固有のNGの侵食は、安倍政権の強権的な統制策の打ち出しによる点も大きい。特定秘密保護法（特定秘密の保護に関する法律　二〇一四年一二月施行）から共謀罪法（改正組織犯罪処罰法二〇一七年七月施行）までの一連の市民の言論と活動を統制する立法推進がこれにあたる。秘密保護法は防衛、外交、スパイ防止（特定有害活動防止）、テロ防止の四分野にわたる政府機関の情報を国家安全保障の名において機密指定して厳重に管理するもの。機密漏洩には最高で懲役一〇年が課され、指定期間は三〇年だ。

情報保護は個別の領域の法がすでに制定されており、専門家からは包括的な立法に疑問が付されていた。最大の目的は、安倍首相がオバマ大統領との会談で「日米同盟強化を見据えたもの」と説明したように、日米の軍事協力の強化のための情報管理と統制である。特定秘密の秘匿保護とともに軍事提携を結ぶ国への情報提供も定められている。防衛の機密対象につき特に定めた「特定有害活動」には、核兵器、化学兵器、細菌兵器、ロケット（ミサイル）や無人飛行機があげられている。日本がこれらの兵器を保有する意図もないとは言えないが、米軍との一体運用を念頭に置いたものと考えるのが妥当だ。

秘密保護法では「特定秘密」の範囲が曖昧で（法令文中に「その他」の使用が多い）、恣意的な濫用が懸念されている。たとえば、原発情報もその範疇に入ることを内閣情報調査室が自身が認めている。東電の福島第一原発への反対運動もこの法で検挙される場合が想像される。同室は法案の作成課程で、海外留学や外国人学校の就学、外国企業での勤務経験を持つものが「外国への特別な感情を醸成させる契機となる」と秘密情報を扱うものに対する異常なまでの過敏な資格調査の必要性を訴えている（「ハフィントン・ポスト」二〇一四年一二月八日）。秘密保護法の秘密指定は行政機関の長の裁量に任されるが、ここにみる状況にはきわめて危ういものがある。

秘密保護法は制作プロセスからすでに秘匿されている。計九回の会議のうち国家議員の発言はほとんど黒塗りで非開示扱いされた（「毎日新聞」二〇一六年一月一一日）。南スーダンの自衛隊の作戦行動の日誌廃棄、森友学園スキャンダルに関わるメモの廃棄など、安倍政権の情報公開と管理はきわめて閉鎖的だが、秘密保護法はその最たるものだ。

秘密保護法が対外的な軍事行動の想定のためなら、共謀罪法は国内社会の全般的な監視と統制の性格を持つ。この法は審議中から数多くの矛盾が指摘され、金田勝年法相がまともに答弁できないほどだった。結局、与党は参院法務委員会の審議を一方的に打ち切って本会議採決を強行せざるを得なかった。

本法は「テロの未然防止」をうたったもので、国際組織犯罪条約（ＴＯＣ）の加入のための法制定と説明されたが、ＴＯＣはマフィアなどの組織犯罪のためのものでテロ犯罪は管轄外だ。すでに日本はテロ対処の法整備は行われている。「テロ等準備罪」法案と与党は称したが、二七七ある犯罪項目のうち大多数がテロに該当するものではない。このため、拙速な制定の意図は別途あると容易に推測される。

取り締まりは二人以上による「計画」が対象となるが、組織や団体の構成員であることを要件としない。なんらかの関わりがあったことで「犯罪関与」とみなされる曖昧さを持つ。

項目は先に見たように二七七項目と大量にあり、全刑法犯数の八〇％を超えるという。この中には、著作権法や会社更生法、文化財保護法なども含まれる。これらの項目に抵触されるとみなされた組織あるいは市民は警察の監視下に置かれる。項目が通常の刑法犯と抵触するものばかりで恣意的な濫用も危惧される。

政府は同法では（犯罪と無縁の）一般人は対象とならないと言明する。曖昧な部分が多いことからの濫用の危惧の質問に対し、「何らかの嫌疑がある段階で一般の人ではないと考える」と盛山止仁法務副大臣は返答。井出庸生・民進党議員は「無罪推定の原則と真っ向から対立する」と批判した（「共同通信」二〇一七年四月二八日）。

この共謀罪法は、目を付けた市民の活動を合法的に監視し、数ある犯罪項目の中から適宜罪状を選び出し検挙できる。市民の密告も奨励される。「身に覚えのない罪状」による告発も多発するだろう。生活保護受給で見た例の拡大版が全国を覆う。政治活動のみならず、普段のなんでもない生活行動も猜疑心の目にさらされ、皆が縮こまって生きるだろう。これはつまるところ、日本社会から「自由」という空気を抜くことで市民を窒息させることに等しい。

秘密保護法と共謀罪法は両輪の役割を果たし、国家の安全保障上の問題事項を拡大し、社会の多くの活動をからめ取り、統制下におこうとする意図がある。東アジアの軍事的緊張（北朝鮮の軟化でこれはかなり消えつつある）を強調し、国内の少数民族の敵視や蔑視をつなげる安倍首相の手法は、この国家の管理体制の強化が狙いにある。

先に見たように、国政の運営においては内閣人事局の創設により官僚の支配を強め、法解釈や慣例からの官僚の政権に対する異論を封じ、その統御力は強まっている。日本の立法府は立法能力において劣り、改善の余地がある。それは国会で成立する法案の大多数が政府提出によるものであり、議員立法が少ないためだ。提出法案は内閣法制局によって作成される。ここは法案作成の専門家で運営され、法解釈上の問題点があれば従来は内閣に疑義をあらわしてきた。たとえば、歴代の内閣法制局長官は、集団的自衛権（他衛権）行使につき違憲と解釈してきた。

しかし、安倍首相は二〇一三年に外務省出身で憲法解釈には素人の小松一郎を長官に就任させる露骨な干渉人事を行った。翌年には、自衛権行使に対し容認派の横畠裕介次長を長官に昇格。立て続けの人事改定で内部を刷新し、自己の発言力を強めた。

安倍首相の内閣法制局に対する支配権の確立は憲法改正のステップだけでなく、提出法案をコントロールすることで立法に対する優越性を確立することにもある。安倍首相が自身を立法府の長と述べ、無知を笑われた件があるが、これはむしろ支配を確立し、無意識の優越感が露呈したと言うべきだろう。

安倍政権は文化の統制にも意欲を燃やしている。彼に近い筋の若い自民党議員が集まる文化芸術懇話会についてはすでに触れた。会の目的に「心を打つ『政策芸術』を立案し、実行する知恵と力を習得すること」が掲げられている。つまるところ、政策芸術とは政権や国家の意を汲み、奉仕する表現のことだ。政治家がこれを推奨することは国家権力で表現をねじ伏せ、阿諛追従をさせるように仕向け、支配することを意味する。会では激しいマスコミ批判も口にされたが、芸術支配と対になる言論支配が意図にあるだろう。こうした政策芸術の類似例に、日本帝国の戦争画、共産国のプロパガンダ芸術がある。

政治の統制、文化の支配、さらに生活安全警察という地域政治、日常生活への公権力の侵食を合わせるなら、国防から国会運営、言論表現の支配、日常生活の監視と巨大な統制国家が出現しつつあることがわかる。これが安倍政権下で進行している日本の自由の危機的現状である。安倍晋三が首相を辞任しても、一端できあがった行政制度、登用で力を得た政治家たちに国家統制の色彩が濃い以上、この状態は継続していく。すでにできあがった自由の阻害の体制は打ち壊さない限り、市民をからめ取って離すことはない。

第8章　公共空間の確立をめぐる困難さ

●――情報環境の進化が日本の自由を阻害する

公共空間とは日々の生活と生業の営みから離れて、人々が自由に語り、活動する場のことである。その適用範囲は広い。近所の公園、家の近くの道ばたから、図書館、博物館やビルの開放スペース、さらに拡張してネット空間や紙誌面の投稿欄も含めることがある。その特長は誰にでも開かれた開放性にあり、これは自由によって保障される。これが公共性の意味である。

個人の生活行動がNGによって阻害を受けるのは、個人の行動が他者と関わり合う「間」においてである。地域の生活活動においては趣味や生活の必要以上のものが求められるとき、NGを突きつけられる可能性が生まれる。表現や言論とは人と人をつなぐ間（インビトウィーン）であり、いわば媒体である。つまりNGの問題とは突きつめれば、公共性の危機ということができる。

この危機はさまざまな国内の政治事情、国際情勢、経済構造の短中期的変動によるものだが、現代社会そのものに潜む構造的もろさもまた原因である。この脆弱さに目を注いでみると、市民社会が公的権力によって都合よく操作され、統制されていることがわかる。この構造と仕組みを明らかにすることは、ＮＧのない公共空間を作りあげるための道程と言える。

現代社会のもろさとは、これを構成する情報の性質に由来する。発信者と受信者、言論人と一般人。こうした一方通行の概念は本来ありえず、双方が影響しあい、変容していく。ことに情報量が幾何級数的に増大し、書き込み可能な情報サイト、個人発信のブログ、ＳＮＳの発達はこの性質をさらに無視できないほど増大させる。この情報の「ふるまい方」は現代に固有の性格を具えている。それは再帰性であり、これが内因ともなる。

モダニティの示すダイナミズムは、《時間と空間の分離》、社会生活を時間空間面で正確に「帯状区分」するかたちでの時間と空間の再統合、社会システムの《脱埋め込み》（時間空間の分離にともなう諸要因と密接に関連している現象）、および、知識の絶え間ない投入が個人や集団の行為に影響を及ぼすという意味での社会関係の《再帰的秩序か再秩序化》に由来している。（アンソニー・ギデンズ『近代とはいかなる時代か？』而立書房）

モダニティとはその名の通り、近代社会に特有の様態を指し示す。土着（地域）の慣習や生活からの遊離（脱埋め込み）が生まれ、知識や制度の抽象化を招く。抽象化とは実体から離れた観念や情報の側面が強くなることで、その知識の参照で生じる「再帰化」をもたらす。

このモダニティは現代社会の各所で見ることができる。たとえば、資本が実体経済から遊離する投資経済である。この投資経済における歯止めのきかない資本運用は産業にいびつさをもたらす。グローバリゼーションがさまざまな障壁を取り払い、社会に揺動と流動性をもたらす。これもモダニティのありようのひとつである。個人の日常生活と地縁的な地域生活に齟齬をもたらしている幾つかのNGもこのモダニティの影としてのあらわれということができる。

さらにこのモダニティは人の行動に大きな制動をかけずにはいない性格を持っている。それはリスク回避志向である。

リスク社会に生きるということは、肯定的にせよ否定的にせよ、行為の開かれた可能性に対して計算的な態度をもって生きることなのであり、そのような行為において私たちは個人としてもまたグローバルにも、現代社会に持続的に向き合うのである。(アンソニー・ギデンズ『モダニティと自己アイデンティティ』ハーベスト社)

リスクの考慮は、前提条件の算定と行動がもたらす結果予測なくしてはできない。この「計算的態度」は情報の再帰的使用の最たるものだ。だが生活行動と社会行動に常に計算的態度でいることは、リスクを冒すことで得られる冒険ではなく回避による安全策を人に選択させがちにする。リスク社会は予防と安心確認が常に求められる状態を招く。

このリスク回避志向は生活行動における監視/防犯カメラの要望にも強く現れている。犯罪率の低下にも関わらず、生活領域のすみずみまで監視の強化を求めるのは可能な限りリスクを減らしたいからにほかならない。これは生活安全警察のように日常に公権力の介入を招きつつある。

情報は差異の体系でもある。完璧な監視統制の世界では異物は排除される宿命にある。他者の中に異物という差異を見出そうとする意識は差別に転化する契機をはらんでいるからだ。その具現例として、生活保護受給者に対する猜疑からの密告がある。この現象はリスク回避志向がもたらすものの延長線上にある。

モダニティがもたらす再帰性とリスク社会は普遍的な現象だ。確かに世界中で以前より言論表現が危うい状況に立たされている。だが、事なかれ主義、無責任社会とよく形容される日本の悪弊は固有の政治制度や文化に根ざしたものだ。『脅威のもとにあるアート』を見ると、迫害件数の多い国は民主主義の未成熟な地域であることがわかる。日本の危機的状況はモダニティの普遍的な問題点が日本固有の宿痾によって悪化したと見るべきだろう。

情報の開示と真実の探求は、情報を扱う機関の管理者にとって社会的責任を伴った義務である。だがこれが往々にして果たされないのは、地位に伴う責任の観念が未成熟な日本社会の性格に由来する。自粛や情報の曖昧化など、媒体や発信組織の制度上の機能不全がこれにあたる。

たとえば美術では作品の付帯情報を穏当なものにすること、作品選定と展示構成で本来の意味を損なうようにする。ここには事実をアリバイにすることで真実を遠ざけ、上位権力の干渉と言論表現が招く議論を回避する姿勢がある。

マスコミの領域では、編集構成で言論表現を損なうことがあたる。さらに経済価値の重視は真実を歪めもする。版権図版を使用したいがため、提供先の事前検閲を受け入れ、ときに気兼ねすることだ。情報量に対する信仰も似た働きをする。情報の最大供給源である対象（題材となる組織や施設）の不利益を回避するよう働く。

情報の膨大な集積は現実との距離を広げ、情報それ自体で自足するひとつの体系を作りあげるよう働く。これは情報の脱埋め込みである。リアリティの低下、ヴァーチャル志向もこれがもたらす現象だ。情報の検証対象も同じ情報なら、現実への参照の必要性は低下する。情報の意味作用は現実から遊離したいわば戯れのようなものになる。社会問題や史実を扱うさいにはこれが非倫理的なものに傾斜する。本来、報道倫理や社会的な正義にはこれを是正する役割があるが、日本社会では十分なものではない。真実や歴史の相対性とは非倫理の正当化でよく使われる。

社会的無責任は情報の戯れによるリアリティの遊離と非常に相性がいい。情報がそこに膨大に存在すれば真実が希釈されたことはわかりにくい。情報量それ自体が説得力を持つからだ。これは情報の無色化ももたらす。公共空間の各所で政治性や宗教性が抑えられ、無色化が進行しつつある。これはリアリティの遊離がもたらしたものでもある。色がつくというリアリティの重みに（日本の）人々は耐えがたくなりつつあるのかもしれない。

日本の公権力はこの閉塞状態を見逃すことはない。情報環境の対応で無視できないものが幾つかある。まずひとつは情報監視である。当局がＳＮＳにおける二〇二〇年の東京五輪・パラリンピック関連発言を監視していることが新聞で報じられた。企業や個人がエゴサーチによって自身に関する発言や言及を調査し、把握し、場合によって是正のコメントを発信するのはいまや日常だ。公的機関によ

筆者のネット環境で見たポータルサイト・Excite を埋め尽くす歴史修正主義の広告の例（2018 年 5 月のもの）。

る言論監視は発言内容の把握だけでなく、発信者に対する監視・管理にも向かいかねない。これは諜報の領域だが、情報統制に陥る危険性を持っている。情報環境において市民の自由を保全するのが公権力の本来の役割だが、現状はむしろ逆だろう。

　次にフェイク（うそ）の積極的発信があげられる。ネットの求人広告で保守／右翼的内容の言論の拡散の発注が行われていることも明らかになっている。これはブログ作成やツイッター発信などを通じて行われる。発注元は明らかではないが、こうした言論（デマ）拡散で得をするのは権力筋以外にありえない。昨今ではポータルサイトで保守／右翼的内容のサイトへ誘導する広告発信を目にする機会も多くなってきた。これも公権力の情報対策のひとつだ。

　媒体に掲載される情報に過度にバイアスを

かけることで真実から遠のくこと。利害関係にからめ取られ、言論に一定の歯止めがかけられること。情報体系そのもので自足する傾向により、言論を事実から遠のかせてしまうこと。リスク回避の志向が批判的思考を奪い、管理統制の道を開くこと。資金力と組織力により、権力機構の情報操作が進んでいること。

公共空間の言論表現は、構造的な危機に陥っている現状がある。

●――他者の視点で歴史を思考すること

自由を阻害するさまざまなNGの根本には公共性の問題があるわけだが、これがもっとも表面化するのは歴史の分野である。より多いがゆえに事態を理解する鍵がある。

一口に歴史と言っても幅広い。国家の政治制度、政治家の細々とした内情、外交、地域行政、経済、文化、流行、生活習慣など数多くある。このうち長らく最大のタブーは天皇制だった。近年はこれをしのぐひとつの傾向が明瞭になってきた。それは過去の戦争と植民地支配の過誤と罪悪、その痕跡である。

その最大の論点は朝鮮／韓国で、具体的には強制連行（労働）、日本軍「慰安婦」に関わるものだ。前者は数多くの史跡説明文、追悼施設（追悼碑）の例があり、後者は美術作品などに見られる。朝鮮学校に対する行政の差別的な扱いも同じ根っこがある。東京と大阪のいずれも朝鮮学校に対する立ち退き要求が自治体からなされ、これは裁判にもなった（両方とも学校がほぼ勝訴）。高校無償化の対象からの除外もそのひとつだ。市民による差別も根強い。

朝鮮／韓国のほかには、沖縄での日本兵による自決強要、南京大虐殺、七三一部隊の人体実験などのトピックもある。いずれも日本の加害性を証言するものだ。

こうした史実明徴への阻害に対し、一方ではフェイク、偽史がSNSだけでなく、メディアをかつてないほど賑わしている。アメリカでもこの傾向は強く、オルタナ・ファクトと呼ばれている。この語が日本でも広く知られるようになったのはトランプ大統領の弁論に含まれる虚偽があまりにも多かったからである。「ポリティカルファクト」によると、彼の発言のうち「ほぼウソ」「ウソ」「真っ赤なウソ」が六九％を占めるという。「オバマはアフリカ出身」（米国出生でないと大統領の就任資格がない）は執拗に言い続けた彼の有名なデマのひとつだ。

日本でも安倍晋三議員が、二〇一一年に菅直人首相が福島第一原発への海水注入を止めさせたとツイッターでデマを流した。実際は東電の幹部による対処だと明らかになっている。菅が安倍を名誉毀損で告発したが、裁判では事実誤認だが名誉毀損に当たらないという判決がくだった。安倍のほうは「勝訴」を理由に自らの主張を真実として是正しようとしない。

このオルタナ・ファクトはポスト真実（ポストトゥルース）とも言われるが、日本ではこちらのほうがよく使われている。オックスフォード辞書では「世論形成において、感情や個人的信条のほうが客観的事実より影響力のあるような状況」と定義されている。これはモダニティが生んだ情報環境を特徴づける再帰性がもたらしたものと言える。

情報同士が再帰性というかたちで交渉と参照を行い、量が増すことでひとつの系をなすなら、現実に対する参照は失われがちになる。ＳＮＳは個人発信であり、情報の真偽性、正確性という意味では信頼性に欠ける。しかし、プロの記者や編集者が携わる商業メディア（サイト）においても経済的価値が尊ばれ、真偽性や正確性は以前ほど重視されない。携わるスタッフのリテラシーや学識、判断能力は情報網の拡大と経済価値の信奉が加わって低下する一方というのが現状である。

ここから真実とポスト真実はいわば対等なかたちで並立する情報環境、言論状況が立ちあがってくる。言論を発する個人＝主体そのものが（情報）環境や言論によって意味づけ、呼びかけ（ルイ・アルチュセール）という干渉を受ける従属的関係のもとにある。この主体の否定は現代思想の潮流のひとつだ。二〇世紀以降に支配的になった相対性という絶対性の否定は不可知論を呼び込み、ポスト真実にも登場の道を用意してしまってもいる。

本来主体の否定なり懐疑は制度の否定というラディカルな姿勢に本領がある。しかし、日本に輸入されたときには、オポチュニズム（日和見主義）、順応主義にしばしば転化する。制度の批判に徹せない姿勢は日本の風土に染まったものだ。

この真と偽の並立は公共空間に何をもたらすだろうか。まず質的公平でなく、量的公平が空間を支配するようになる。真偽は道理に関わる視点だが、退場を余儀なくされる。国分寺９条の会がその実例だ。場の秩序を乱すものと乱されるものは道理の視点から異なった立場だが、量的公平の観点から多数の秩序を乱す契機を呼び込むため排除される。東京都庁での反戦反核の写真展示はアメリカ人の心情を損なうという理由で拒否された。真実だから、正義だからという根拠が通用しなくなっている。

次に質的な公平が消えるなら、選択に理知的なものは失われ、感覚的な判断が強く占めるようになる。元寇を撃退したのが本当に台風か否かは、真理などない以上、お好みで判断すればいいことになる。ここに判断の指標に快／不快が重要な位置を占めてくる。ポスト真実が感情に起因するように。

行政への経済効率の導入もこの快／不快の判断にいきつく。幸福、あるいは道義の追求は質的な判断がつきまとう。しかし経済効率は量的追求に根ざし、成果の現れやすい快／不快を必然的に根拠とする。こうした流れをくむ政治指導者がほぼもれなく歴史修正主義者であるのもこうした理由からだ。日本軍の罪悪は不快を、日本軍の大義は快をもたらすからだ。

公共空間のこの奇妙なねじれはなにがもたらすものだろうか。ここで他者と社会に対する判断と思考の過程に目を注ぐ必要がある。

イマニュエル・カントは、人の思考を知性（悟性）、理性、そしてその媒介項である判断力にわける。判断力は現実に根ざす知性と原理的な理性の間をつなぎ、現実を内面化し、人に意志を伝えるかたちをつくり出す。この判断力は感覚的判断、趣味判断のふたつにわけられる。感覚的判断は感覚という個人にのみ根ざす思考過程だが、趣味判断は他者の視点を内在させたものだとする。趣味がいいとよく言われるが、これは他者の評価を前提にする言葉だからだ。

判断、とりわけ趣味判断は、常に他者及び他者の趣味について考慮を払い、他者の下しうる判断を考慮に入れる。このことが必要であるのは、私が人間であり、人間の仲間の外で生きることができないからである。私が判断を下すのは、こうした共同体の一員としてであり、超感覚的世界（a supersensible world）の一員としてではない。（ハンナ・アーレント『カント政治学の講義』法政大学出版局）

この趣味判断は本来美学の範疇のものだが、ハンナ・アーレントは政治の問題に敷衍し、その公共的意義を強調する。他者の視点を入れて伝達可能性をつくり出す趣味判断とは公共性を具えることに止まらず、人間の持つ共同体を維持し、営むことに必要なものだ。ポスト真実という虚偽により歴史を書き換えることは共同体の存続に関わる深刻な齟齬をもたらす。

歴史における不可知論や相対主義を取らず、真実というものを想定することは他者への共感を根底におくことだ。この共感を否定し、犠牲者の歴史を黙殺するという無慈悲さに置き換えるのがポスト真実の歴史であり、歴史修正主義であるということになる。

●――感覚的判断の充満が人々の共約を阻む

いましばし快／不快を指標とする感覚的判断が社会を侵食することの意味を考えてみたい。

個人にあっては、ポスト真実で見たごとく日常の些事だけでなく、時事問題、社会的事件なども「感情」が支配するようになる。さらに趣味判断のような他者の視点の内在がないため、異なることが当たり前でなくなり、不快を覚えるようになる。不快は理性で本来抑えられるが、感覚的判断が優勢の場合は排除、差別、蔑視に結びつきやすい。

このありようは本来人の個々の日常の生活を支配すべきことがらである。感覚的判断とは私的領域に留めておくべきものだ。だが異なることが前提となる人と人が共有する空間にこの感覚的判断が侵食するとき、生活を些事を離れたことを語り合い、活動する公的領域の役割が失われてしまう。個人の枠に止まる感情、それに根ざした思考は伝達可能性を持たず、社会の公共性はよく機能しなくなる。

社会レベルでは、公的なことがらを語り合い、行動するのを損なう構造的な変化が起こってくるがそれはどのようなものだろうか。まず、人々の感情の数量的集約である。快／不快は満足度で数値化し、集計できるがゆえに量的判断を招く。特に行政においては、多数派の満足度は施策を行う上での大義名分になり、少数派を圧迫する傾向を生みかねない。だが、個人にとってさえ感情の欲求と理性の要請は食い違うことが多い。社会レベルにおいては、この乖離は無視できないものとなる。

理性では協調と平和を訴えても、感情では他者の攻撃と屈服を望むことはままあることだ。こうした乖離は無理に抑えるべきものでなく、内省による昇華が自然に行われることが望ましい。いま日本は政治と社会の言論の領域においても感情が支配しつつある。たとえば、平和という言葉さえ忌避されつつある。

二〇一八年二月に俳優の綾瀬はるかが映画のキャンペーンイベントで夢を尋ねられ、「オリンピックも開催中ですし、世界平和です」と答えた。これを報じた記事には論調がふた通りある。理想を語る力強い姿、さらに場違いな言葉を語ることへの冷笑である。後者の記事には周囲の人間が「あ然」

としたと記されている。現場の空気がどちらだったかは知りようがないが、後者の冷笑がまず先に報じられ、ネットで多く拡散された。

二〇一八年二月一三日に発表されたNHKの世論調査で、ピョンチャン冬季オリンピック開催のさいの南北合同チーム結成や催事での南北融和の動きを評価しないと答えた層が六五％に昇った（「あまり評価しない」三七％、「まったく評価しない」二八％）。これも似た傾向と言える。ここには、韓国による日本軍「慰安婦」への人道的な主張、北朝鮮の軟化を見せない外交姿勢に対する反感が根底にある。この反感という感情が平和という理知的な判断をも押しつぶし、力を持ちつつある。

感情とは生物的な欲求と反応に根ざすものであり、動物と人間では本質的な違いはない。だが、人は物事を客体化することで普遍というものを理解する。これは哲学のような論理的思考だけでなく、すぐれた文学が持つ想像力や事物の造形力によってもあらわされる。ところが感情に支配されたとき、世界に対する深遠な問いかけがなくなるだけでなく、そこに住む自己と他者の違いもなくなる。衝動に支配されたひとつの大きな群体となる。いわば複数性を失うのである。

活動 action とは、物あるいは事柄の介入なしに直接人と人との間で行なわれる唯一の活動力であり、多数性という人間の条件、すなわち、地球上に生き世界に住むのが一人の人間 man ではなく、多数の人間 men であるという事実に対応している。たしかに人間の条件のすべての側面が多少とも政治に係わってはいる。しかしこの多数性こそ、全政治生活の条件であり、その必要条件であるばかりか、最大の条件である。（ハンナ・アレント『人間の条件』筑摩書房）

以下、アーレントの多数性を別の訳語、複数性を用いる。彼女は現代社会が大量生産による消費、平等の浸透が生み出す大衆性、計量的に人間を管理する官僚制などにより、画一主義が支配するようになったという。これは「いつでも、その成員がたった一つの意見と一つの利害しかもたないような、単一の巨大家族の成員であるかのように振舞うよう要求する」(前掲書)。これは政治の条件である複数性を消失させてしまうという。

ひとりひとりが異なるため、異なる言葉と活動が行き交う。これはいさかいとすれ違いを意味しない。違いを根底に置くからこそ、そこで共有する部分を分け合い、行動をともにする「共約」が生まれる。共同体の崩壊とは、この共約が失われたものにほかならない。

共約でなく画一性は、逆説的だが人々に不和と諍いをもたらす。本来生じる違いが憎しみの対象となるからだ。画一性を前提とする愛国心や絆とは本質的に異なる共約を深め、あるいは広げること。ここに公共性の本来の意義がある。公共空間を支配しようとしているこの画一性こそ、無色というものの正体だ。無色の公共性が人々の参加を促すことなく、公共を衰弱させるという第6章の石川健治の指摘をここで想起したい。この無色の公共性の持つ危うさはなにをもたらすだろうか。

政治とは趣味判断から出発するものだが、公共空間ではこれは禁じられつつある。カントのいう判断力のバランス性が失われ、感覚的判断とそれにもとづく思考のみ許容され、人々は違いでなく画一性を強いられる。この公共性ではなく、世俗的な私的領域の価値観が公共空間を支配する状況を私たちは一度経験している。戦前の天皇制支配である。

民主主義には暗黙の前提がある。人々の共約に信頼性を与える社会契約という政治の仮想の出発点のことだ。しかし政治の拠って立つ正統性や公的権威が天皇制という万世一系に永遠に従属するとする画一性のもとでは、この共約は意味をなさない。近代以降政教分離というかたちで宗教の役割は世俗的、個人的なものに限定されたが、帝政期の日本は異なった。

近代国家はその権威を社会の母体である市民の意思に置き、その委託対象を政府とすることで正当化する。これに対し、日本帝国の権威は天津神の頂点に立ち万世一系を受け継ぐ天皇に存した。これをイデオロギー的に正当化したのが国家神道という神話体系である。

この国家神道は国家祭祀の役割をも担い、国策を後押しした。当時神道は（教部省から後に移行した）内務省の神社局の掌握するところだった。ただし、天皇制の根幹に関わるもっとも重要な宮中祭祀などは天皇が祭祀大権を有した。軍国主義を支える靖国神社の神職は軍が補した。仏教とキリスト教など国家のまつりに関与しない一般宗教はいわば従属するかたちで別扱いとされ、寺社局の管轄だった。

この天皇制は戦後の主権在民の民主化でその弊害は一見取り除かれたに見える。だが、無色の公共性はこの戦後の常識的前提を不確かなものにする。

民主主義とは市民の参画による意思決定のプロセスだが、市民社会が画一性に陥ったときその暴走を制する手段は法による一定の歯止めがあるだけである。これはナチスに見るように機能不全に陥り、暴走することがある。強いリーダーシップの政治でもこれはうまく機能しない。ハーバーマスは意思決定の過程に政治の正当性があるとしたが、この過程のなかば外部であるマスコミに大きな役割を置いたのも一種の安全弁を期待してのことである。

ここから市民社会の法的、行政的手続きを超越する公的権威、思想、あるいは神話がときに必要になってくる。ここで、ナチスに対し抗したプロテスタント神学者カール・バルトの言葉に耳を傾けることは有用に思える。

> 教会は、そもそも人間に――仕えるべきではなく、それゆえまたドイツ民族にも仕えるべきではない。
>
> 守られるべき自由とは、宣教と神学における神の言葉の自由――とはすなわちしかし、宣教と神学における神の言葉の支配――、のことなのだ。（カール・バルト「今日の神学的実存！」『教会と国家Ⅰ』新教出版社）

バルトは神の権威を市民社会に対し超越するものとし、ここに世俗の腐敗、政治の全体主義化を批判する根拠とした。市民社会からの超越とは、民主的な意思決定のプロセス、市民が定めた法からの超越でもある。現在宗教の社会参加が進んでいるが、これは外延的な社会活動によるもので福祉的な意味合いが強い。宗教にこうした法治を超えた批判力の意味合いは見出せない。

無色の公共性が社会を覆い、退嬰とアパシーに陥ってその活力を失い、平準化の負の社会心理が増大されたとき、そこで浮上するのは無秩序でなくある種の超越的な権威だろう。宗教性と政治性の脱色は公権力への依存を求める。この脱色は時代状況は異なるが、国家神道の存在条件とあまりにも似てはいないか。

「リベラルな天皇制」が安倍政権の専横、驕慢ぶりを批判する人たちの間で待望されている。だが、日本が犯した歴史的罪悪に対する忘却が進む中、その罪悪の元凶である天皇制への称揚はどのような意味を持つだろうか。差別とデマをまき散らす歴史修正主義たちとその根本は変わるところはないのではないか。リベラルな天皇制とは「快」の究極のかたちであり、それは排除という暴力に容易に転化するだろう。

●——学びとは民主主義に不可欠のプロセス

本来人は無色ではない。それぞれが固有のさまざまな色を持っている。これを無色のものとして見ること、あるいはそうであるように強いること。それが検閲、規制、圧力、排除など、さまざまなNGのかたちを取る。ここに問題の根本がある。

この違いに対する気づきは不断の注意によってしか得られない。この不断の注意こそ広い意味での学びである。学びをジョン・デューイはこう定義する。


教育の目的は人々が自分たちの教育を続けて行くことができるようにすることである——言い換えれば、学習の目的と成果は成長の可能性の持続である——（ジョン・デューイ『民主主義と教育』

岩波書店）

私たちの社会環境は常に変化している。めまぐるしく増えつつある膨大な情報の中から取捨選択して、人は学ぶ。この情報もまた人を経由して移動する。そこに価値観という人の介在を意識することで、対話の意味を帯びる。この対話を通じ、受け手は大きく変化する。そして、意見の発信は他者に変化の契機をもたらす。この学びのプロセスは人の開かれた可能性を意味する。

しかし、この開かれた可能性は相互のやり取りが自由であるときに初めて姿をあらわす。この相互性を持った自己変容のプロセスは活動と呼ばれるものに等しい。活動とは動物にも当てはまるその個体にのみ収斂する行動というものと異なり、人間社会に特有の他者の存在を前提にした行動だ。このあり方から、学びとは政治に深く関わりのあることが理解される。

自由な人民の力が住まうのは地域共同体の中なのである。地域自治の制度が自由にとってもつ意味は、学問に対する小学校のそれに当たる。（アレクシス・ド・トクヴィル『アメリカのデモクラシー』岩波書店）

トクヴィルはアメリカの民主主義について語るとき、その思想／イデオロギーや憲法、行政システムでなく、生活習俗に注目した。徹底的な地域分散の政治は他国と比べ、地方自治の自由度と意思決定の比重の高いことであらわれている。それは生活と政治行動が分断されておらず、日常における他者とのやり取りに民主主義的な様態があらわれていることを見出したのである。

アメリカ人はほとんどつねに公的生活の習慣を私生活にもちこむ。

（筆者注　地域自治の制度は）法律がこれを強化し、それ以上に習俗が補強している。（前掲書）

地域自治、国政もそうだが、公の場に生活の便宜と必要性、習慣を持ち込むことで腐敗が始まる。依存は私的領域では悪徳でない。だが、公的領域では癒着という悪徳であり、罪悪にもなる。これは律する法なり原理が異なるからだ。

日本は公共性が徐々に縮小しつつある。これは快／不快といった感覚的判断の充満によるものであり、また依存／癒着のような私的領域の固有の原理が前面に出つつあるからだ。私的領域による公的領域の蚕食と言えよう。しかし、公的領域が私的領域を蚕食した社会もある。いまはかなりの数が姿を消したタウン・ミーティングが健在だったころのアメリカである。生活に公的原理が入り込むとき、その原理のあらわれである政治の意欲が高くなる特長がある。つまり、政治に対するアパシー（無関心）とは無縁となる。

政治における集権性は原理的に考えるなら意思決定と施行をスムーズにする。しかし、政治の分散性は効率では得られないものがある。それが政治参加によって得られる満足感であり、高いエートス、参加意識の高さだ。それは政治の腐敗に対しもっとも効力を発揮する。

民主主義は単なる政治形態でなく、それ以上のものである。つまり、それは、まず第一に、共同生活の一様式、連帯的な共同経験の一様式なのである。（ジョン・デューイ、前掲書）

この共同経験は歴史の問題でもある。歴史修正主義による国家の罪悪の隠蔽と内実を持たない大義の強調ではなく、戦争と植民地支配で犯した罪悪、富国強兵で持たざるものが塗炭の苦しみをなめさせられたこと。そこに目を注ぐことにより、画一主義ではなく複数性の人々の姿が立ちあがる。その共同経験を積み重ねることこそ、国家の栄光よりも尊く、そして権威のあるものだろう。

正確にいえば、ポリスというのは、ある一定の物理的場所を占める都市＝国家ではない。むしろ、それは、共に活動し、共に語ることから生まれる人びとの組織である。（ハンナ・アレント『人間の条件』筑摩書房）

このポリスは古代ギリシアの歴史的状況が生み出したものだが、その活動と言論の場を出現（アピアランス）の空間とアーレントは呼んだ。歴史を振り返ると、こうした場が日本でも存在したことに気づく。たとえば第6章で見たように、反核、反公害の運動を地域に作り出した公民館はこれにふさわしいものと言えるだろう。

公民館発足時について考えると、公民館活動の中心は、民主主義や住民自治について学ぶことであり、政治批判、行政批判であった。公民館は楽しい趣味の会やレクリエーションの場のみではない（徳村烝『公民館の紛争を考える』近代文芸社）

この時代に公民館がこうした政治の空間であることはとても難しい。集う人々は自由な公共空間を拠点とする市民でなく、行政サービスを享受する消費者であろうからだ。だが、それでも公共空間は公権力にとってはいとわしい存在であり続けている。図書館、公民館、市民活動サポートセンターがその例だ。そこに突きつけられたNGはいまの日本の公権力が抱く敵意が生み出したものだ。

特に公民館が対象とした領域は市民活動の多様化からコミュニティセンターなどが分け合うことにより、その役割は変わろうとしている。しかも公民館が教育委員会の所管なのに対し、コミュニティセンターは専門家の意見が通じにくい自治体の直轄という違いがある。

自民党は戦後解放された社会の統制を再び強める「逆コース」を取ってきたが、安倍政権はこれをより強行に拙速に進めようとしている。学びを根底から否定する動きのひとつが教育勅語の復活だ。二〇一七年三月三一日、「（教育勅語が）憲法や教育基本法等に反しないような形で教材として用いることまでは否定されることではない」という閣議決定がなされた（「朝日新聞」二〇一七年四月一日）。帝政期において日本の公的な権威と正統性は国家の祭祀を司る天皇に収斂するものだった。その要となったのが国家神道の経典というべき教育勅語だ。

朕が思うに、我が御祖先の方々が国をお肇めになったことは極めて広遠であり、徳をお立てになったことは極めて深く厚くあらせられ、又、我が臣民はよく忠にはげみよく孝をつくし、国中のすべての者が皆心を一にして代々美風をつくりあげて来た。これは我が国柄の精髄であって、教育の基づくところもまた実にここにある。（「教育勅語」（現代語訳）、文部省図書局『聖訓ノ述義ニ関スル協議会報告書』）

近代教育は普遍的な人間像を想定し、学ぶものの自発性にもとづく人格と学習能力の成長を目的としている。特にデューイは社会矛盾の変革のための手段として重視し、特に進歩的教育と呼んだ。この教育のあり方は人々と議論し、自他ともに変えていくことで社会を建設する民主主義のありようそのものであると言える。ただし多数決による量的判断のプロセスとしての民主主義ではなく、結果ではなく過程そのものから得られる果実を重視するという意味で共和主義の色彩が濃い。

これに対し、教育勅語は個人の尊厳と自発性の双方を否定する。明治天皇のこの詔勅は自発性を否定する命令であり、公的な権威の源は「皇祖皇宗」による建国の偉業にあるとする。市民はその権威にひれ伏すべき臣下であり、その国家忠節のために行うことのひとつに学業がある。

これは単なる教育方針のみならず、臣民が従うべき国家の指針であり、学校教育だけでなく社会教育をも根底から否定する。近代教育が内包していた、教化ではない自発性による自己成長は共和主義の発想につらなるものである。自らを公的権威とする天皇制とは敵対するものと言っていいだろう。

教育勅語の復活の動きは一連の反動化のひとつのあらわれでしかない。安倍首相と内閣の有力支持／基盤母体の日本会議が掲げる目的は、①皇室の尊崇、②憲法の改正、③国防の充実、④愛国教育の推進だという（青木理『日本会議の正体』平凡社）。これは戦後の歩みを根底から否定するものだ。

しかし、それは戦後の変革の不徹底さが招いたものでもある。「共に活動し、共に語るところから生まれる人びとの組織」が旧来の秩序と制度を駆逐できなかったからだ。戦後から七〇数年経ち、侵食を広げつつあるＮＧの影は、この時代が岐路にあることを物語っている。

第9章　公共性再生に必要な対話の手立て

●――形式論を超えた、言論表現の自由のあり方

「共に活動し、共に語るところから生まれる人びとの組織」をつくりあげること。いかにも、これは自由を損なうNGを打ち払う手段に思える。しかしそこに至る道は大きな障害、課題が横たわり、歩くのもままならないのが現状だ。

この組織――というより場といったほうがいいだろう――は過程こそが尊重される性格を持っており、その始まりが結果でもある刻一刻変容する存在だ。ここでは、相手と向き合うこと、議論のための共通の前提を持つこと、意思をあやまたず伝えること、言葉を語義に沿って理解すること、が求められる。この議論のルールと進め方の隘路が生んだ衝突と攻撃が世に数多くのNGを生む結果となっている。

ここで「場」の成立条件として、古典的な言論表現の自由の原則を概括してみたい。これは本来は

最初に行うべきものかもしれない。しかしいかなる言論表現もこれを生み、支える制度があり、これを伝達する手段の媒体と経路の公共空間がある。まず、この成立条件と外的環境を読み解くことから、現状の理解のための本質的なアプローチができると思ったからにほかならない。

言論表現の自由に対する尊重は、この権利が公権力（政府や支配者）からの介入や干渉を想定した防御策として生まれた。具体的には発表と出版の自由である。日本ではこれはよく理解されていると言いがたい。一市民と政治家の守られるべき権利が等価だとしばしば主張されるからだ。個人への中傷が人権侵害なら、首相に対する批判も同じ人権侵害だという意見がまかり通っている。これは言論表現の自由がなぜ存在するのかわかっていない主張だ。

言論表現の自由は特権を持っている。たとえば政治家や官僚の汚職の報道が大筋において正しくても細部において事実誤認があったとする。これが私人に対する告発なら重大な過誤と言えるが、こと公人に対してはアメリカでは判例で問題視されない。これを「現実の悪意」の法理という。

一九六四年、アメリカで黒人の公民権運動が盛んなころ、『ニューヨーク・タイムズ』でアラバマ州のモンゴメリ市警がいかに運動を規制（弾圧）しているか、支援団体がその実態を暴き、一頁大の意見広告として載せた。ところが、事実誤認による名誉毀損があるとサリヴァン市警本部長は民事訴訟を提起した。『ニューヨーク・タイムズ』は州裁判所で敗訴したものの、連邦最高裁判所では逆転勝利した。

判決の根拠となった法理をブレナン裁判官はこう説いていた。「思うに、公務員は、その公務に関する行為に関係して、名誉毀損にわたる虚偽のゆえに損害賠償をみとめられるのは、当該記事の言明が『現実の悪意』によってなされたばあいにかぎられねばならないということが、憲法保障が要求する合衆国法上のルールである」（奥平康弘『「表現の自由」を求めて』岩波書店）。つまり、意図的に嘘をついた場合以外は大目に見られるというものだ。

言論表現は社会に貢献する公益性を持つと考えられ、こうした「特権」を持つ。決して個人の権利の範疇においての優位性ではない。ここで公益性を持つもののみ尊重すればいいという考え方もできる。

では、その評価は誰が行う資格を持つだろうか。一般市民、学識者、政治家、官僚。その誰だろうか。いずれでもあり、いずれでもない。

歴史を振り返ってみれば、不寛容による言論統制が社会を覆った事例には事欠かない。アメリカでは、戦後に社会主義者を公職や公共空間から排斥したマッカーシズムがある。独立以前には、ピューリタンの宗教道徳に背反した多くのものが過酷な社会的制裁を蒙り、その模様はナサニエル・ホーソーンの『緋文字』の題材にもなっている。一七世紀のことだが、魔女狩りさえあった。日本では、近年の例は措いても、戦前にアカと断定されたものが官憲によって暴行、殺害された。こうした例には事実誤認も多かった。

思想やイデオロギーを問わず、少なくない数のものが自身は誤らないという無謬性を主張するが、歴史が語る経験則から言えばはなはだ当てにはならない。「多少」の問題があったとしても、手を出せないように言論表現に神聖不可侵の自由を与えるのは知恵と言えるだろう。

より現実的な見方では、萎縮を避けるためでもある。言論表現が盛んなほど、公権力や支配的な価値観に対する批判的な意見も比例して増えるわけであり、社会の自浄力と検討改善に役立つと見ることができる。

だが活発になると、悪質なデマや荒唐無稽な妄想、人々の生活を害する思想もまた増える道理だ。この弊害に対し、先ほどのブレナン判事はこう語っている。「この国の人々は、言論表現の自由が、時に行きすぎや、悪用乱用があっても、長い目で見れば、民主主義社会に住む人々の考えと行いを、よりよい方向に導いていくのに不可欠であったし、これからも不可欠であるということを知っている」（立花隆『「言論の自由」vs.「●●●」』文藝春秋）。

この考えは特にアメリカに顕著で、「思想交換の自由市場」と呼ばれている。思想もまた良貨が悪貨を駆逐する経済原理の自由主義にならう法則を持つというものだ。いかに非人権的な思想がはびころうと、選択の自由が確保された社会環境にあるなら、最終的に人間は徳にかなったものを選び、悪徳は排斥されるだろう。

ここから議論は枝分かれする。思想交換の自由市場が生まれた背景には公益性の尊重という「価値」が潜んでいるが、市場じたいは自動的に働き、没価値である。人道主義も反人道主義も、政府に批判的な意見も賛同する意見も、等しく平等に扱われる。ここから差別的、国権主義的な意見の持ち主が自身のために言論表現の自由を主張する事態にもなる。これに対し、少数者の権利を擁護するものも別の意図から言論表現の自由を主張する。ここには同床異夢がある。

ただ思想交換の自由市場が自由主義経済の極めて正確な写し身である以上、その欠点もまた同じものを持つ。自由主義経済は公正な競争による適者生存で経済環境の多様性をもたらすのではなく、強者の寡占市場を生んでしまうこともある。悪貨が良貨を駆逐することもあるのだ。そもそもこの論では、良貨が悪貨を駆逐することもあり、それが良いことかどうなのかも議論が分かれるだろう。

これに対しまったく別の角度から思想交換の自由市場の効用を説く立場もある。

ある意味では、社会統合（Integration）の契機（世論形成の契機といってもよい）をふくませながら、自由な討論という形式のもつ方法的手続的な正当性が主張されているのである。

これにたいし「表現の自由」を統治過程上の権利であると考えるとすれば、たんに消極的に公権力の干渉を排除するものではなくて、公権力の組織や権力行使に関与し参加する積極的かつ能動的な権利としての性格を具有することになる。「表現の自由」の権利行使が、同時に参政権行使の一形態でもあるということになる。（奥平康弘『表現の自由とはなにか』中央公論社）

この考えは悪貨が良貨を駆逐してしまう事態の予防にはならない。しかし表現の自由が公益性なり公共性の価値観を体現するものと考えるさいには有益である。思想交換の自由市場の形式的自由を単に裏返すなら、一市民と権力者の名誉毀損が等価という形式的な権利擁護にも容易に転化する。つまり、言論表現の自由を考えるためには形式的な自由論を超えた価値観にまで踏み込むことが必要になってくる。

●──ヘイトスピーチが「殺す」自由とは

形式的な自由論から考えると否定すべき対象となってしまうのがヘイトスピーチに対する規制だ。この規制の問題を考えることは、社会秩序に対してある価値観の適用を促すものとなる。

ヘイトスピーチとは、民族や性的嗜好（セクシュアリティ）など属性や生活習慣に対する差別発言をいう。いま私たちはニュースサイトのコメント欄やＳＮＳの書き込み、氾濫する商業出版物でひんぱんに民族差別、具体的には韓国／朝鮮人差別（嫌韓）を目にする。これは先に述べた、悪貨が良貨を駆逐しつつある事態だ。思想交換の自由市場が正常に機能しない状態と見ることができる。

ヘイトスピーチ規制は理論や原理ではなく、すでに施行され始めた国や自治体の法制度、政策に関わる問題である。京都市の京都朝鮮学園は在日特権を許さない市民の会による街宣活動で授業を妨害されたとして告訴を行った。二〇一四年一二月、最高裁は在特会の上告を斥け、損害賠償を命じた。ヘイトスピーチという差別は韓国／朝鮮人差別であることが多い。

二〇一六年五月二四日にはヘイトスピーチ対策法が衆院本会議で可決された（同年六月三日施行）。これは理念法と呼ばれるもので、国や自治体による防止措置を促す。評価する向きは多いが、幾つかの限界を持つ。罰則規定のないこと、対象を民族差別のみとし（同性愛差別などは含まれない）、日本地域以外の出自に限ること（アイヌと沖縄は除外される）、「適法に居住するもの」のみを対象とする。これらの保留条件はあらゆる人間に適用される人権規約となりえないことに欠陥がある。ただ抑止効果はあり、右翼グループによるデモ件数は二〇一三～二〇一四年で年間約一二〇件だったが、二〇一六年には三九件に減少したという（ウェブ「朝日新聞」二〇一七年五月三〇日）。

ただし、日本におけるヘイトスピーチは在特会などの団体の街宣活動より、ネット上の言論活動のほうが遙かに多い。こちらの対応はまだまだ不十分だ。二〇一六年、大阪市でヘイトスピーチ対策条例が成立した。二〇一七年、大阪市はネット上の三件の動画をヘイトスピーチと認定し、投稿者と内容の公表を行い、プロバイダーに削除要請した。該当の動画は削除された（『毎日放送』二〇一七年六月一日）。これはネット世界に氾濫する膨大な書き込みのほんのわずかな減少でしかない。

ヘイトスピーチなるものは差別に対する法的な取り組みのひとつでしかない。差別に関する規制は、言論表現や発言を対象とする「ヘイトスピーチ」、差別理由の犯罪に刑を加重する「ヘイトクライム」、公的な場での差別的扱いと雇用差別を対象とする「差別行為」、の三つに分類される（エリック・ブライシュ『ヘイトスピーチ』明石書店）。

いわゆる「先進国」では一九六〇年代から人種民族差別への取り組みが始まり、一九九〇年代から法整備が加速した。すべての国が等しく三項目にわたって実施されているわけでなく、国柄により状況は異なる。

たとえばアメリカでは人種差別にもとづく不平等待遇を禁じた公民権法（一九六四年）があり、有色人種をより優遇して扱うアファーマティブアクションがある。しかしヘイトスピーチの規制法はなく、これは差別反対運動を担った人々が広範かつ無制限の言論表現の自由を求めたからという（前掲著）。どの国がすぐれているかは一概に言えないが、日本については取り組みの遅さと罰則規定がないことからの立ち後れ、不徹底は目立つ。

国によって事情が異なるためヘイトスピーチの一般化は至難だが、強いて言えば差別される人々に対する心身の危険および危害、社会的存在に対する否定に総括できるだろう。この拠って立つ理念を知るには「世界人権宣言」が参考になる。第一条「すべての人間は、生れながらにして自由であり、かつ、尊厳と権利とについて平等である……」第七条「すべての人は、法の下において平等であり、また、いかなる差別もなしに法の平等な保護を受ける権利を有する」。

ヘイトスピーチは差別されるものにとって威嚇や脅迫であり、多くの「先進国」では言論表現の自由で守る対象と考えられていない。日本では思想交換の自由市場を形式的に適用して考えることが多く、ヘイトスピーチ対策法には反対論が根強い。保守右翼的な思想の持ち主もそうだが、リベラルな立場でも原理的な言論表現の自由を信奉し、政府の恣意的な濫用の危惧が論じられる。後者の場合は、マスコミや市民の活動による自浄作用への期待が念頭にあるようだ。

だが冷静に考えてみれば、誰でも自宅の前で「死ね」とか「殺すぞ」と叫ばれたり、プラカードで掲げられたら、言論表現の自由でなく犯罪と捉えるだろう。世の少なくない数の反論は、差別されるものの命と生活を自身のものと同じ重さと考えていないことになる。本来、司法が想定する刑事犯罪、刑法犯罪の認定は緻密な法体系と先例から導き出され、裁判所の運用に恣意的な要素が入り込む余地はない。ただし、共謀罪をめぐる安倍政権と警察官僚の逸脱からこうした危惧に根拠なしとは断言できないのも事実だ。

より根本的な問題は、言論表現が解釈という曖昧さ、グレーゾーンを含むことだ。ドイツではアウシュヴィッツのユダヤ人虐殺の史実を公的な場で否定すれば刑事犯罪に問われる。しかし、いまの日本で南京虐殺や朝鮮人の強制連行の否定を刑事罰に問えるかというときわめて難しい。議論にはグラデーションもあり、南京大虐殺が二〇万人とする説に対し五万人とする説を罪悪だと告発できるかという判断におそらく正解はないだろう。

一見出口のない迷宮に陥りそうな問題だが、便宜的な議論の手順と歴史認識の共有がなされていれば混乱は防げる。史実検証の方法論の問題である。これはルールという共約の問題だが、いまの日本社会にそれを望むのは難しい。つぶしあいのヘゲモニーあるいは正当性の争奪戦が多くのものの念頭にあり、議論という公共性が成り立ちにくい状況にあるからだ。

だが、ルールとは対話する相手の生存、社会的権利の保証という前提があって初めて成り立つ。ヘイトスピーチの根底にあるのは他者の否定という悪であり、だからこそ規制すべきなのだ。

物理的ないし社会的存在の否定は生存権という人権の根本否定に直結する。社会的存在を損なうことは社会から多様性を失うことにつながる。画一性ではなく、複数性を言論表現に確保することの大切さだ。ハンナ・アーレントはアメリカ革命（独立）の創始者の政治意識についてこう書いている。

「人民《ピープル》」という言葉は彼らにとって多数《メニーネス》という意味をもっていたのである。つまり、その尊厳がまさにその複数性（plurality）に存するような、限りなく変化に富む複数者（multitude）という意味であった。

つまり彼らは、共和政における公的領域は対等者のあいだでおこなわれる意見の交換によって構成されるものであり、この公的領域は、たまたますべての対等者が同一の意見をもったために意見交換が無意味になったその瞬間に簡単に消滅するであろうということを知っていた。（ハンナ・アレント『革命について』筑摩書房）

ヘイトスピーチの放置が言論表現という市民の社会参加の契機を損なうのであれば、異なるものが「目に見える形で」共存する複数性もまた失われるだろう。しかしこの問題に関わる議論はしばしば正しさの論点に傾斜し、意見が異なるものを逆に沈黙させる。価値判断の議論と政治的な対処の議論は位相が異なる。議論者はこれを慎重に区別する冷静さ、慎重さが求められる。ともすれば「結果としての民主主義」を求める向きがあるのも事実だ。社会の健全さを確保するには「過程としての民主主義」が不可欠である。

この「過程としての民主主義」において、人々と議論を行い、意見を表明し、なにかのために自身の時間を割いて活動することで社会の課題が自身のものとして了解される。そこで知り、体験したことは個人にのみ帰属するのでなく、共同経験として社会で共有される。共和主義と呼ばれるこの高め合う意識のありようこそ、言論表現の自由を維持するために欠かせない。

◉――その差別判定は本当に正しいのか

ヘイトスピーチは差別や侮蔑、犯罪煽動など、意図の明確なものに適用される。だが世の中にはグレーゾーンであったり、曖昧な中に差別のニュアンスが混入されている、あるいは混入しているように見える。そうしたもののほうが得てして多い。こうした言論表現をどう理解し、語り、向き合い、あるいは対処するかも必要になってくる。

明示的でない言葉や表現が批判の対象とされるようになったのは、現代思想や文芸批評の潮流が生み出したものだ。この潮流は大ざっぱに言ってふたつの要素がある。まず、言葉や作品が発話者／作者の自覚しない社会の制度の反映であること。次に、言葉や作品が発話者／作者の意図しない生成過程（分節化）によって意味が紡ぎ出されることだ。こうした視点には近代的な主体への否定があり、発話内容と表現における社会制度とテクストの重要性が浮かびあがってくる。

この差別を分析解剖により摘出するのが現代の批評の趨勢となっている。世に差別は多いが、そのなかでも民族／人種などの地理（地政学）的な出自はエドワード・サイードのオリエンタリズム論やカルチュラル・スタディーズの系譜、性差やセクシュアリティの性／生的なアイデンティティについてはフェミニズム批評が指摘するところとなっている。ここで発生する問題とは、差別の明示的なメッセージでないものを学理的な批評で追求するため、その論旨や研究成果に親しんでいないものには理解しづらいことだ。主義主張でなく、思考理解のレベルで批判者と肯定者に分断されてしまうことは民主的な討議の構築に重大な蹉跌を生みかねない。

この差別の剔出の理解がいかに難しいか、アメリカのふたつの事例を紹介しよう。『VOGUE』アメリカ版二〇一七年三月号の掲載写真が差別に類するものとして批判を浴びた。モデルのカーリー・クロスが日本の着物ふうドレスを着て、寺社仏閣や酒蔵のような日本の伝統性を強く意識させる場所でポーズを取るものだ。これが「芸者」を連想させ、不適切だと強く批判された。芸者という存在に対する「風紀」の点からではない。幾つかの批判はこうだ。

つまり、これらのコミュニティの人々は文化的、宗教的な意味合いがある伝統をその意味を理解せず、その上勝手にトレンドとして使用を煽るような行動は、彼らの文化を盗用していると感じている。(ウェブ誌『CELESY』の指摘、「ハフィントンポスト」二〇一七年二月一六日)

この「盗用」(流用、アプロプリエーション)は現代美術でもときに問題視される。表現の引用先に対する敬意が不在、あるいは侮蔑が不当との指摘だ。これが意図的なら意見(言論)の範疇だが、揶揄中傷、軽率な戯れなら批判に値するわけで、後者のケースもしばしばある。

一方で、その艶かしく従順なイメージは、アジア系女性に対するステレオタイプと結びついてきた。今回の米VOGUEの問題は、カーリー個人よりも、欧米人の持つ「芸者」のイメージそのものにある。他者を、異質な存在として、エキゾチックな物語の中にだけ閉じ込めようとする、欲望こそが問題なのだ。(『BuzzFeed Japan』二〇一七年二月一七日)

芸者は芸妓ともいい宴会芸を披露するプロのコンパニオンのことで本来性的な労働と無縁なのだ

が、そうした「史実」はここでは関係ない。ジャポニスム（日本趣味）の言論表現などで欧米で芸者がどう表象されてきたかが焦点なのだ。そこではアジア人の女性が差別され、性的な表象としてあらわされてきた歴史があり、そうした言説をいまさらのように展開されてしまうことが「差別」にあたる。

似たような事例に二〇一二年六月に起きた、ボストン美術館での「キモノ・ウェンズディズ」イベントへの批判がある。これは同館所蔵の、クロード・モネが最初の妻カミーユの和装を描いた《La Japonaise》の前で来館者が和装の着用も楽しめるというもの。これに対し、「盗用（アプロプリエーション）であり、オリエンタリズムだ」とのアジア人女性の抗議があった（「Boston Globe」紙、二〇一二年七月七日）。先のものとほぼ同じ理由だが、企画がアジア・中東（の女性）に対するゆがんだステレオタイプのオリエンタリズム差別であり、盗用じたいも劣位に置かれた搾取のあらわれとの批判が抗議の背景にある。

これは現地ボストンに居住の日本人には理解不能の批判だったようだ。反日排斥運動と誤解した人もいたという。美術館側は、美術作品と異文化に触れる教育的な機会の提供だと自身の正しさを強調したが、着物の展示だけ継続して行い、来客者の試着は中止した。

たしかにゴッホは花魁（性労働者）の雲龍打掛けをモチーフに同じくジャポニスム絵画を描いた。しかしこれに先行するモネの《La Japonaise》は歌舞伎衣装がモチーフである。ここでも史実ではなく、表象の受け取られ方が問われている。

表象の扱われ方には「作者」の意図せざる東洋と女性へのステロタイプがあらわれているだろう。

だが、表象の意味作用に対し史実とずれていることに無自覚なまま差別と批判するなら、東洋（日本）の史実の軽視という二重のオリエンタリズムも発生させてしまう。芸者という職業の尊厳を損なうことにもなるのである。ここで必要なのは、慎重さと史実のより深い理解をもとにした言論と活動である。

●表現の多義性と公共性が求める姿勢

テクストの生成過程に目を注ぐなら、言葉や作品の表象は「見せかけ」を裏切る場合もあることがわかる。配置された文化要素が集合することで別のメッセージを生み出すことだ。

萌え少女は、女性の性的なステレオタイプの極北であって男性による消費という搾取のための表象だという指摘がある。これは大筋において正しいが、見せかけがその表象を裏切っているケースもある。

アニメ『魔法少女まどか☆マギカ』（二〇一一年）がその例に当たるだろう。世界を救う魔法少女は萌え少女の記号的なビジュアルだが、世界を滅ぼそうとする魔女には逆に物質感の強調による身体性が与えられている。記号とは人々の間をコミュニケーションでつなぐ公共性を意味しており、魔法少女のビジュアル＝記号は正義という公共性を発動させるキーの役割を持っている。これは萌え少女が持つ私的な欲望の「搾取」の意味合いを解体させる批評的な意味合いがあると思う。

往年のアニメ『宇宙戦艦ヤマト』（一九七四年）の例のほうがわかりやすいかもしれない。日本海軍の戦艦がモチーフだが、乗組員たちは軍人でなく宇宙戦士とされて軍服でないユニフォームを着ており、軍国主義的な要素は周到に省かれている。地球を救うための宇宙航行は有名な『西遊記』の翻案である。「我々がしなければならなかったのは戦うことじゃない」という古代進の有名なセリフはアニメで初めて発せられた戦争否定のメッセージだけでなく、主人公が辿りついた救済の「教え」でもある。古い表象が換骨奪胎され平和的なものに再生するところに本作のメッセージの一端があるだろう。これは先の魔法少女と似た点があり、軍国主義という抑圧的な表象の意味を物語の中で還元、再構築するものだ。

萌え少女や軍艦は作品の中の表象のひとつで、これのみを解析する静的なアプローチを取るなら抑圧性が前面に出る。しかし、ひとつひとつの要素があたかも言語のように結びつき、物語を紡ぎ出す生成過程に目を注ぐなら別のものが見えてくる。後者のアプローチは文芸批評に関わるもので、物語を鑑賞する能力を必要とするが、表象分析においてはこれを欠くための読み違いがままある。特に『宇宙戦艦ヤマト』は誤読による批判が顕著であり、こうした言説には反エリート主義的偶像破壊傾向（テリー・イーグルトン）の快感が根底にあるようだ。

思想的表象分析や文芸批評からの解釈と一般的な作品の受け止め方にはどうしてもズレがある。批判を含む作品の解釈じたいは百人百様で構わないのだが、社会的な存在に対する断罪は慎重であるべきだろう。ここに解釈の違いを超えて、議論のあり方、ルールを設定することが望まれる理由がある。

このルールの取り決めのひとつに、言論表現の存在条件に則した議論がある。平たく言えば、言葉や表現が公的なものとして生み出されたのか、私的な個人の表現として生み出されたのか、その区別をもとに始まる議論だ。

当てはまる良い例が、二〇一五年に起こった自治体の公的な企画に起用された女性キャラクターをめぐる論争である。これは三重県志摩市の公認キャラクターとしていったん用いられた碧志摩（青島）メグ、岐阜県美濃加茂市のコラボ企画に起用されたマンガ『のうりん』の良田胡蝶があたる。いずれも露出度が高い、悩殺ポーズ（しな）を取っているといった性的なビジュアルイメージが問題視された。

批判者の多くはビジュアルの公的な起用に対する批判であったのに、擁護者は表現の自由という原則論を主張したすれ違いがあった。公的な言論と私的な言論に求められる資質が異なるという位相の違いを擁護者は理解していなかった。ここに問題の根幹がある。

ただし批判者の少なからずは原則論としての否定を投げかけるものもいて、これがネット上などで紛糾のもととなった。自治体のポスターなどには物語のような文脈の理解の余地はないので、表象分析のまま性別なり民族的な差別性を指摘することに支障はない。だが、この「問題点」を言論表現そのものの根絶に結びつけるには飛躍がある。そこには程度の軽重があるからだ。

自治体は言うまでもなく公的な存在であり、その対外発信は人類が作りあげてきた無形の遺産、近代的な進歩思想に則したものでなければいけない。アメリカの大衆文化が日本と異なり男女平等の表象イメージで覆い尽くされているのは、トクヴィルのいう「公的生活の習慣を生活にもちこ」んでいることであり、公的領域が私的領域に侵食しているからである。

萌え少女などのイメージがいま公共空間を覆いつつある。ここには快／不快という感覚的判断が社会環境に充満し、自治体や政府の行政府にも侵食している。公的な言説やふるまいは消え失せるしかない。ここに少数派の尊厳を損ない、さまざまな言論表現の自由を逆に駆逐する根がある。

だがここで留意したいのは、議論は公的領域のものに対してまず向けるべきであり、また私的領域のものに対する政治的対処なり物理的干渉は刑法上の問題に関わらない限り配慮が必要な点だ。この抑制の姿勢は対話する相手に信頼性と議論の前提という共約を生み出すのだが、この議論のあり方の徹底は厳しいのが現状だ。

●――言葉の再生から始まる自由の回復

自由を阻害するＮＧには隠蔽、排除だけでなく、ものごとを曖昧化してしまうものもある。言葉が十分にその役割を果たせないとなれば、議論もまた不十分なものにならざるを得ない。

マスメディアにまずこの傾向が見られる。近頃米軍の軍用機の「墜落」が頻発している。こうした事件の第一報は防衛省の広報をそのまま引用し、「不時着」「予防着陸」と軽度のアクシデントとして報道され、徐々に事態の深刻さが伝わると「墜落」という言葉に修正する事態が続いている。しかし初期段階で民家に墜落し炎上する映像と一緒に流されるなど、映像の重大さに対し言葉の軽さが際立つ報道の迷走ぶりが露呈している。

ウェブ「NHKニュース」が二〇一八年二月五日の佐賀県神埼市にヘリコプターが墜落した事件の過去の事例も含めた総括を見ると、防衛省の使う「不時着」「着陸炎上」、さらに専門用語の「落着」と実態の「墜落」が混在しており、非常に理解しづらい記事となっている。ここに報告と実態の落差が明らかにあるが、その差の意味が追及されることはない。

事実の形容に対し重度と軽度の形容を混在させること、あるいは曖昧化の行為は、真相の理解を妨げるものとして働く。こうした言論が公共空間に広がりつつあるが、これは現実に対する疎外感と時事問題へのアパシーを醸成する働きがある。

これまで紹介してきたNGの事例にも似た働きが散見される。新聞や雑誌に掲載される原稿に対する検閲や有形無形の力学が働くことによる内容干渉、公共施設における展示作品／情報などの自粛、公共空間における史跡説明における表記や形容の穏当化などが該当する。

こうした社会環境のありようは、人にものを伝えることを機能とする言葉の生命力を枯渇させる。言葉による伝達とは他者がいて初めて成立する。この一連の事態は、他者という対象を欠いた発話なり文章作成の横行でもある。こうした現象は特に国政に顕著だ。

「今回、（消費増税を）再延期するという私の判断は、これまでのお約束と異なる新しい判断。『公約違反ではないか』とのご批判があることも真摯に受け止めている」（安倍晋三首相、二〇一六年六月一日「J-CASTニュース」二〇一六年六月一日）

「記者の皆さんは質問する権利がある。私は答えない権利がある」（菅義偉官房長官、二〇一四年

五月一九日　ウェブ「産経新聞」二〇一四年五月二四日）
「（稲田朋美防衛相が二〇一七年六月二七日に都議選の自民党候補の応援で「防衛省・自衛隊・防衛大臣、自民党としてもお願いしたい」と述べたことに対し）それくらいみんなで応援しますよ、と漠としたイメージで言われたんだと思う」（下村博文自民党幹事長代行、同年六月二八日　ウェブ「朝日新聞」二〇一七年六月二八日）

はぐらかしに満ちたこうした言葉は、政治家としての応答責任を欠く。責任を欠いた答弁とは、つまるところ他者に向けたものではない。他者不在の政治は独断や独裁につながる性格を持つ。安倍政権ははからずも言葉にその意識を露呈させている。

だがかれらの意識より、はぐらかしや言い逃れという言葉の毀損が政治の現場で行われながらも矯正する仕組みが働かないことのほうが深刻だ。それは先に指摘したように、集権と統制を強める統治機構と積み重ねた既成事実が強靱な壁を作り、阻んでいるからにほかならない。

本来作用があれば反作用があるものだ。だが、言葉を阻む壁への反作用（反抗）は人々の間からは起きにくいようだ。


「個性的と言われると、自分を否定された気がする」「周囲と違うってことでしょ？　どう考えてもマイナスの言葉」「他の言葉は良い意味にも取れるけど、個性的だけは良い意味に取れない」「差別的に受け取られるかも」等々――。（土井隆義「いまの若者たちにとって『個性的』とは否定

の言葉である」『現代ビジネス』二〇一七年六月六日）

いまの若者の心理に共通して見られることという。その理由を土井隆義はこう説明する。

ところで、人間関係の流動性が高まったという事実は、それだけ制度的な枠組みが拘束力を失っていることを意味する。裏を返せば、制度的な枠組みが人間関係を保証してくれる共通の基盤ではなくなり、それだけ関係が不安定になってきたということでもある。

これまで見てきたように、対話を阻む諍いや衝突は経済的変動が背景にある。この経済的変動がもたらすものは、人と人が言葉を伝え合う、議論する前提の激しい揺動である。共有する前提が不確かであるなら、人々が意見を応酬しながらもすれ違いに終わり、そのことが不信を醸成する。コミュニティの衰弱と反比例するかたちで、強いリーダーシップの政治や生活安全警察への信望と依存が高まっているのはこうした理由から説明できる。この不信を払拭するためには、共有できうる最小限のもの、言葉の復権がまず最初になされなければいけない。

しかし、世界各国で急増する言論表現への弾圧は「言葉狩り」の様相を呈している。トランプ政権のアメリカもまたそうだ。アメリカ疾病管理予防センター（CDC　保険福祉省の所管）では、多様性、トランスジェンダー、胎児、科学的根拠など七つの言葉の公文書での使用を禁じられたという（「The Washington Post」二〇一七年一二月一七日）。性的多様性、妊娠中絶の自由権に対する保守思想からの攻撃である。

　しかしアメリカにはこうした反動化への対抗運動が根強く、激しいものがあり、いわば左右からの揺り動かしが一定程度ある。これに対し、日本は右からの揺さぶりが顕著だ。この言葉は、かつて「言葉」でなくなった時期がある。言葉が本来必要とする理と規範の機能の停止は言うまでもなく戦中という時代に起こった。

> ただこの場合いちじるしく目立つのは、宣長が、道とか自然とか性とかいうカテゴリーの一切の抽象化、規範化をからごころとして斥け、あらゆる言あげを排して感覚的事実そのままに即《つ》こうとしたことで、そのために彼の批判はイデオロギー暴露ではありえても、一定の原理的立場からするイデオロギー批判には本来なりえなかった。
> 　そのために、そこからでて来るものは一方では生まれついたままの感性の尊重と、他方では既成の支配体制への受動的追随となり、結局こうした二重の意味での「ありのままなる」現状肯定でしかなかった。（丸山真男『日本の思想』岩波書店）

戦前日本の軍国主義の暴走についてはさまざまな意見がある。丸山眞男は論理的思考と規範に基づいた行動が日本で未発達だったところに原因を求めた。

目の前の社会的現実の無批判な肯定は確かに思考停止に見える。固着による感情移入は思考を排除し、没入という意識作用を生む。これが日本的美意識の核心だろう。政治への没入とそれに伴う高揚感を継続することで慣習化させる。天皇や日本国土に客観的な優越性があるわけでなく、むしろ所与の現実としたところに思考停止のからくりがある。こうした美学を文学論に発展させたのが本居宣長だったが、これは帝政期の国粋主義の核として扱われた。

所与の現実をありのままに肯定する意識は、戦後駆逐されたわけでなく、強靱に根を張っていた事実が特にここ数年露呈している。無批判の肯定という思考形式の前には言葉はその力を失ってしまう。

画一主義が言葉を枯死させるとき、公共空間は衰えていく。言葉とは異なる相手、差異をあらかじめ持つ複数性のもとでその機能を果たす。一様で、画一な、無色の社会環境のなかでは、うまく働くことはかなわない。

> ところで、政治が存在するのは中断によってのみであり、間違《トール》いあるいは根源的係争の展開として政治を創設する最初のねじれによってのみである。このねじれが間違《トール》いであり、共同体についての哲学的思考が直面する根源的な〈有害なもの〉である。（ジャック・ランシエール『不和あるいは了解なき了解』インスクリプト）

争点のないところに協議もなければ、政治もない。争点を「無」から作り出し、協議という状況に追い込むところから政治は始まる。在日外国人の市民権や性的マイノリティの社会権などは、まさにそれまで存在しなかった争点だ。こうした「間違い」を喚起し、係争として提起することは、ジャック・ランシエールによると周到に避けられているという。

彼はコンセンサス・システムという言葉を用い、法理や行政による利害調整からは必ずこぼれ落ちる意見と権利があることを示す。システムは常に一定のベクトルを持つものゆえであり、そうした仕組みに無批判に全面的に頼ろうとする現代人に彼は警鐘を鳴らす。

NGは必ずしも高圧的に排除されるわけではない。現代の複雑な社会システムの調整の中で薄められ、その力を衰えさせる。ここから、地域社会の発展に重宝がられるソーシャルの活動も欠陥があることに気づかされる。ソーシャルなるものはしばしば政治性という間違いにもとづく係争を慎重に省いて実施されるからだ。

間違いをもたらすのは言葉だけでない。表現もまた隣り合わせの媒体、「間」（インビトウィーン）の存在だ。この「有害なもの」が作り出すダイナミズムこそ美学であろうし、いまの社会に必要なものだ。

NGの駆逐のために必要なこと。それは、数々の不正や不条理に対し、勇気をもって有害なものを投げつけること。言葉や表現、あるいは行動が含む有害なものを許容すること。そこから冷静に対話のための手段を探り、向き合うこと。

社会に自由という複数性の条件をもたらすにはどうしたらいいか。まずは言論と表現という有害なものの尊重から始まる。

参考文献

青木理『日本会議の正体』平凡社、二〇一六年
奥平康弘『表現の自由とはなにか』中央公論社、一九七〇年
奥平康弘『「表現の自由」を求めて』岩波書店、一九九九年
アライ＝ヒロユキ『ニューイングランド紀行』繊研新聞社、二〇一三年
アライ＝ヒロユキ『天皇アート論』社会評論社、二〇一四年
ハンナ・アーレント『カント政治哲学の講義』法政大学出版局、一九八七年
ハンナ・アレント『人間の条件』筑摩書房、一九九四年
ハンナ・アレント『革命について』筑摩書房、一九九五年
伊豫谷登士翁『グローバリゼーションとは何か』平凡社、二〇〇二年
今井照『「平成大合併」の政治学』公人社、二〇〇八年
大串隆吉『社会教育入門』有信堂、二〇〇八年
イマニュエル・カント『判断力批判』岩波書店、一九六四年
アンソニー・ギデンズ『近代とはいかなる時代か？』而立書房、一九九三年
アンソニー・ギデンズ『モダニティと自己アイデンティティ』ハーベスト社、二〇〇五年
セーレン・A・キルケゴール『死にいたる病　現代の批判』中央公論新社、二〇〇三年
R・マリー・シェーファー『世界の調律』平凡社、一九八六年

『週刊金曜日』編『安倍政治と言論統制』金曜日、二〇一六年
マンフレッド・B・スティーガー『新版 グローバリゼーション』岩波書店、二〇一〇年
田中弥生『NPOが自立する日』日本評論社、二〇〇六年
竹内オサム『戦後マンガ50年史』筑摩書房、一九九五年
田島泰彦+右崎正博+服部孝章編『現代メディアと法』三省堂、一九九八年
立花隆『「言論の自由」vs.「●●●」』文藝春秋、二〇〇四年
ジョン・デューイ『民主主義と教育』岩波書店、一九七五年
アレクシス・ド・トクヴィル『アメリカのデモクラシー』岩波書店、二〇〇五年
徳村烝『公民館の紛争を考える』近代文芸社、二〇〇四年
西河内靖泰『知をひらく』青灯社、二〇一一年
日本社会教育学会編『現代公民館の創造』東洋館出版社、一九九九年
朴三石『外国人学校』中央公論新社、二〇〇八年
ユルゲン・ハーバーマス『[第2版]公共性の構造転換』未來社、一九九四年
ユルゲン・ハーバーマス『他者の受容』法政大学出版局、二〇〇四年
カール・バルト『教会と国家I』新教出版社、二〇一一年
広田照幸、石川健治、橋本伸也、山口二郎『学問の自由と大学の危機』岩波書店、二〇一六年
マーティン・ファクラー『「本当のこと」を伝えない日本の新聞』双葉社、二〇一二年
エリック・ブライシュ『ヘイトスピーチ』明石書店、二〇一四年
丸山真男『日本の思想』岩波書店、一九六一年
山田健太『言論の自由』ミネルヴァ書房、二〇一二年

山田健太『放送法と権力』田畑書店、二〇一六年
ジャック・ランシエール『不和あるいは了解なき了解』インスクリプト、二〇〇五年
ジャン＝フランソワ・リオタール『ポストモダンの条件』水声社、一九八六年

あとがき

ゴワス「善と悪について考えたことはあるか?」
ザマス「はい、常に。悪は滅ぶべきもの。善を栄えさせるには正義が必要だと」
ゴワス「なるほど。しかし私はこう思う。正義とは善と悪にバランスをもたらすものだと」(『ドラゴンボール超』第55話)

検閲と規制、そして自粛。徐々にそうした言葉がメディアや巷間を賑わせ始めたのが二〇一三年、二〇一四年ごろ。一部で使われていたものの森加計問題でクローズアップされた「忖度」が流行語となった二〇一七年より少し前のことだ。人間の存在そのものを否定するヘイトスピーチとその対抗運動に注目が集まり始めたのもこのあたりになる。

筆者の専門は美術批評だが、そのころから封印ないし干渉された表現の事例に遭遇することが幾つかあり、個別に拾っていき始めた。それが徐々に線になるだけでなく、社会全体を覆う問題であることに気づき始めたのが本書の執筆の動機となる。

だがこの『検閲という空気』を書くに当たって、幾つかのアンチノミー(二律背反)、あるいは異なるふたつのベクトルに遭遇し、考えあぐねることともなった。

まず、ひとつめが自由を可能な限り保証すべきか、悪しき言論表現は規制すべきか、である。前者は思想の自由市場論に近いものであり、後者は差別的あるいは抑圧的な表現とそうでないものを峻別して扱うことである。この分野の古典的な事件、チャタレー裁判や千円札裁判で論を張った澁澤龍彦は前者に含まれるだろう。これはおたく文化（あるいはフェミニズム）をどう扱うかの問題もはらむ。筆者自身がおたくであるが、一方で美術批評のなかでも政治／社会的な視点をひとつの特徴としている。いずれの原理的な立場は取り得なかった。

ふたつめが、扱う事例の取捨選択であり、アプローチである。具体的には、安倍政権の抑圧性への収斂か、社会自身が抱えるより普遍的な問題系の考察か、である。表現や政治的な問題だけでなく、日常のさまざまな行動への縛りも扱うことは当初の構想だった。すべてを権力筋の集権化と反動化に結びつけることには無理がある。おそらく、幾つかの先行する「表現の自由」の危機についての著作はこの視点が多いだろう。これは社会全体の病弊ではあるのだが、政治の影響も多大だ。平成の大合併やNPOが抱える構造的な宿痾などの地域社会の問題、メディアの情報社会ゆえの偏向や利害関係の干渉など、局所の構造的な自由の危機を線で結ぶ視点はたぶんほかにはないだろうと思う。

みっつめが、日本固有のものか、世界各国で多発する普遍的な問題か、である。前者は安倍政権の抑圧性に特に注目する人々にとっては採用しやすい視点であろう。安倍政権が戦争・植民地責任をますます忘却しつつある日本社会の趨勢の象徴的存在である面は確かにある。だが、その最大の反証がトランプ大統領の存在だろう。筆者は表現の自由の危機に直面する海外の美術表現が増えつつある状況を幾つか記事にしてもいるので、人類社会全体が直面する深刻な病でもあると痛感もする。

けっきょく幾つかの「二項」の論点に対し、相互作用のダイナミズムを読み取りつつ、微妙なさじ加減でもって筆を進めた。これは社会情勢の変化も作用し、スタンスは不変のものにはなり得ず、少なからず迷うこととなった。安倍政権の帰趨の予測もこれに関わった。書き始めた当初はより早期の退陣を推測していただけになおさらだった。だが、予想外に政権は長く続いた。少なくとも本書の書店配本までは存続していそうだ。

もっとも先に述べたように複眼的なアプローチを採用しているので、安倍政権退陣後も構造的な考察を試みる本書の問題提起は有用だろう。それは病弊がそれだけ深いことでもあるのだが。

本書の執筆は想像以上に難航し、幾度も書き直した。その最大の理由は、数多い事象をどう俯瞰し、全体像を描き出すかにあった。本書の扱う多くのジャンル、異なる社会領域は筆者の専門外のものもあり、基礎的なリサーチに多くの時間が費やされたためでもある。

本書には幾つかの談話取材があるが、これは二〇一五年後半から二〇一六年前半にかけてなされたものだ。やや時間が経ってしまい、取材した方々には申し訳ないことをした。だが、かれらが提起した問題意識あるいは現状認識は基本的に色褪せてはいない。お話を伺った識者／専門家は幾つかのパワーワードを発し、取材中にはっとさせされたことも度々あった。そうした言葉をつないで読むだけでも本書は楽しめるように思う。もちろん問題となる事例は校正段階に起きたものでもフォローし、最新事情を反映させたものとなっている。

本書のスタンスは、筆者のほかの出版物あるいは新聞・雑誌への寄稿文に比べ、意図的に〝左側より）ややリベラル寄りとなっている。それはカントの言う知性と理性をつなぐ媒介項である判断力（趣味判断）にハンナ・アーレントが公共性の根拠を見出したのと同じ理由だ。おそらく取材した方々にとっても本書の投げかける課題は熟慮と自省を必要とするものだっただろうし、日々苦闘のなかにいると推察する。それは筆者の本書執筆にとっても同様だ。でき得れば、その行間を読み取っていただけるなら、社会が抱える苦衷を共有するものになるだろう。

朝鮮に関わる論点を意図的に多くしたのも特徴だ。日本の人権上の不備について考察すると、その多くが「朝鮮」の問題に行き当たる。その直視なくして解決はあり得ない。

本書はいわばスタートラインのための状況俯瞰の意味合いがある。海外の文化や表現事情を見るに、日本に比べ異端的なもの、対抗的なものが生き生きと活動し、根を張っていることに気づかされる。表現の自由が保証されても、そうした忌憚のない言論表現が多く出てこなければ意味がない。複数性の確保が要なのである。

本書は国家神道的なものの蠢動や天皇制に収斂する危うい昨今の動きにも触れている。公共性にとって大きな蹉跌となるこの問題系は考察と紙数が断片的ではあるにしてもいま提起しなければならないものに思い、記した。

最後に困難な状況にあって、難しい問題をはらむ本書の出版の機会を与えてくれた社会評論社の新孝一さんに感謝します。本書は三冊目のお付き合いとなった。

アライ＝ヒロユキ

1965年生まれ。美術・文化社会批評。美術、社会思想、サブカルチャーなどをフィールドに、内外の雑誌、新聞、ポータルサイト、展覧会図録などに執筆。

美術評論家連盟／国際美術評論家連盟会員。

著作に、『オタ文化からサブカルへ　ナラティヴへ誘うキャラクター』（2015年、繊研新聞社）、『天皇アート論――その美、“天”に通ず』（2014年、社会評論社）、『ニューイングランド紀行　アメリカ東部・共生の道』（2013年、繊研新聞社）、『宇宙戦艦ヤマトと70年代ニッポン』（2010年、社会評論社）。

共著に、『メディアの本分』（2017年、彩流社）、『アート・検閲、そして天皇』（2011年、社会評論社）、『エヴァンゲリオン深層解読ノート』（1997年、大和書房）。

【連載】「アートと公共性」（『月刊社会民主』、社会民主党）、「オークション情報」（『月刊美術』、株式会社サン・アート）。

著者ウェブサイト　http://isegoria.arts-am.com

検閲という空気　自由を奪うＮＧ社会

2018年7月31日　初版第1刷発行

著　者＊アライ＝ヒロユキ
装　幀＊後藤トシノブ
発行人＊松田健二
発行所＊株式会社社会評論社
東京都文京区本郷2-3-10
tel.03-3814-3861/fax.03-3818-2808
http://www.shahyo.com/
印刷・製本＊倉敷印刷株式会社

Printed in Japan